北京大学"双一流"建设成果
方李邦琴北京大学人文学科文库出版基金资助

北京大学人文学科文库 | 北大对外汉语研究丛书

国际比较视角下的国际中文教师专业发展模式研究

Research on the Professional Development Model of International Chinese Teachers from the Perspective of International Comparison

王添淼 著

图书在版编目(CIP)数据

国际比较视角下的国际中文教师专业发展模式研究 / 王添淼著 .—北京：北京大学出版社，2022.11

（北京大学人文学科文库·北大对外汉语研究丛书）

ISBN 978-7-301-33523-9

Ⅰ.①国… Ⅱ.①王… Ⅲ.①汉语 – 对外汉语教学 – 师资培养 – 培养模式 – 研究 Ⅳ.①H195.3

中国版本图书馆 CIP 数据核字 (2022) 第 197788 号

书　　名	国际比较视角下的国际中文教师专业发展模式研究 GUOJI BIJIAO SHIJIAO XIA DE GUOJI ZHONGWEN JIAOSHI ZHUANYE FAZHAN MOSHI YANJIU
著作责任者	王添淼　著
责 任 编 辑	赵明秀　宋立文
标 准 书 号	ISBN 978-7-301-33523-9
出 版 发 行	北京大学出版社
地　　址	北京市海淀区成府路 205 号　100871
网　　址	http://www.pup.cn　新浪微博：@ 北京大学出版社
电 子 邮 箱	zpup@pup.cn
电　　话	邮购部 010–62752015　发行部 010–62750672 编辑部 010–62752028
印 　刷 　者	北京中科印刷有限公司
经 　销 　者	新华书店
	650 毫米 ×980 毫米　16 开本　11.75 印张　180 千字 2022 年 11 月第 1 版　2022 年 11 月第 1 次印刷
定　　价	48.00 元

未经许可，不得以任何方式复制或抄袭本书之部分或全部内容。

版权所有，侵权必究

举报电话：010-62752024　电子邮箱：fd@pup.pku.edu.cn

图书如有印装质量问题，请与出版部联系，电话：010-62756370

总 序

袁行霈

人文学科是北京大学的传统优势学科。早在京师大学堂建立之初,就设立了经学科、文学科,预科学生必须在五种外语中选修一种。京师大学堂于1912年改为现名,1917年,蔡元培先生出任北京大学校长,他"循思想自由原则,取兼容并包主义",促进了思想解放和学术繁荣。1921年北大成立了四个全校性的研究所,下设自然科学、社会科学、国学和外国文学四门,人文学科仍然居于重要地位,广受社会的关注。这个传统一直沿袭下来,中华人民共和国成立后,1952年北京大学与清华大学、燕京大学三校的文、理科合并为现在的北京大学,大师云集,人文荟萃,成果斐然。改革开放后,北京大学的历史翻开了新的一页。

近十几年来,人文学科在学科建设、人才培养、师资队伍建设、教学科研等各方面改善了条件,取得了显著成绩。北大的人文学科门类齐全,在国内整体上居于优势地位,在世界上也占有引人瞩目的地位,相继出版了《中华文明史》《世界文明史》《世界现代化历程》《中国儒学史》《中国美学通史》《欧洲文学史》等高水平的著作,并主持了许多重大的考古项目,这些成果发挥着引领学术前进的作用。目前北大还承担着《儒藏》《中华文明探源》《北京大学藏西汉竹书》的整理与研究工作,以及《新编新注十三经》等重要项目。

与此同时,我们也清醒地看到,北大人文学科整体的绝对优势正在减弱,有的学科只具备相对优势了;有的成果规模优势明显,高度优势还有待提升。北大出了许多成果,但还要出思想,要产生影响人类命运和前途的思想理论。我们距离理想的目标还有相当长的距离,需要人文学科的老师和同学们加倍努力。

我曾经说过:与自然科学或社会科学相比,人文学科的成果,难以直接转化为生产力,给社会带来财富,人们或以为无用。其实,人文学科力求揭示人生的意义和价值、塑造理想的人格,指点人生趋向完美的境地。它能丰富人的精神,美化人的心灵,提升人的品德,协调人和自然的关系以及人和人的关系,促使人把自己掌握的知识和技术用到造福于人类的正道上来,这是人文无用之大用!试想,如果我们的心灵中没有诗意,我们的记忆中没有历史,我们的思考中没有哲理,我们的生活将成为什么样子?国家的强盛与否,将来不仅要看经济实力、国防实力,也要看国民的精神世界是否丰富,活得充实不充实,愉快不愉快,自在不自在,美不美。

一个民族,如果从根本上丧失了对人文学科的热情,丧失了对人文精神的追求和坚守,这个民族就丧失了进步的精神源泉。文化是一个民族的标志,是一个民族的根,在经济全球化的大趋势中,拥有几千年文化传统的中华民族,必须自觉维护自己的根,并以开放的态度吸取世界上其他民族的优秀文化,以跟上世界的潮流。站在这样的高度看待人文学科,我们深感责任之重大与紧迫。

北大人文学科的老师们蕴藏着巨大的潜力和创造性。我相信,只要使老师们的潜力充分发挥出来,北大人文学科便能克服种种障碍,在国内外开辟出一片新天地。

人文学科的研究主要是著书立说,以个体撰写著作为一大特点。除了需要协同研究的集体大项目外,我们还希望为教师独立探索,撰写、出版专著搭建平台,形成既具个体思想,又汇聚集体智慧的系列研究成果。为此,北京大学人文学部决定编辑出版"北京大学人文学科文库",旨在汇集新时代北大人文学科的优秀成果，弘扬北大人文学科的学术传统，展示北大人文学科的整体实力和研究特色，为推动北大世界一流大学建设、促进人文学术发展做出贡献。

我们需要努力营造宽松的学术环境、浓厚的研究气氛。既要提倡教师根据国家的需要选择研究课题，集中人力物力进行研究，也鼓励教师按照自己的兴趣自由地选择课题。鼓励自由选题是"北京大学人文学科文库"的一个特点。

我们不可满足于泛泛的议论，也不可追求热闹，而应沉潜下来，认真钻研，将切实的成果贡献给社会。学术质量是"北京大学人文学科文库"的一大追求。文库的撰稿者会力求通过自己潜心研究、多年积累而成的优秀成果，来展示自己的学术水平。

我们要保持优良的学风，进一步突出北大的个性与特色。北大人要有大志气、大眼光、大手笔、大格局、大气象，做一些符合北大地位的事，做一些开风气之先的事。北大不能随波逐流，不能甘于平庸，不能跟在别人后面小打小闹。北大的学者要有与北大相称的气质、气节、气派、气势、气宇、气度、气韵和气象。北大的学者要致力于弘扬民族精神和时代精神，以提升国民的人文素质为己任。而承担这样的使命，首先要有谦逊的态度，向人民群众学习，向兄弟院校学习。切不可妄自尊大，目空一切。这也是"北京大学人文学科文库"力求展现的北大的人文素质。

这个文库目前有以下17套丛书：
"北大中国文学研究丛书"（陈平原 主编）
"北大中国语言学研究丛书"（王洪君 郭锐 主编）
"北大比较文学与世界文学研究丛书"（张辉 主编）
"北大中国史研究丛书"（荣新江 张帆 主编）
"北大世界史研究丛书"（高毅 主编）
"北大考古学研究丛书"（沈睿文 主编）
"北大马克思主义哲学研究丛书"（丰子义 主编）
"北大中国哲学研究丛书"（王博 主编）

"北大外国哲学研究丛书"(韩水法 主编)
"北大东方文学研究丛书"(王邦维 主编)
"北大欧美文学研究丛书"(申丹 主编)
"北大外国语言学研究丛书"(宁琦 高一虹 主编)
"北大艺术学研究丛书"(彭锋 主编)
"北大对外汉语研究丛书"(赵杨 主编)
"北大古典学研究丛书"(李四龙 彭小瑜 廖可斌 主编)
"北大人文学古今融通研究丛书"(陈晓明 彭锋 主编)
"北大人文跨学科研究丛书"(申丹 李四龙 王奇生 廖可斌 主编)①

  这17套丛书仅收入学术新作,涵盖了北大人文学科的多个领域,它们的推出有利于读者整体了解当下北大人文学者的科研动态、学术实力和研究特色。这一文库将持续编辑出版,我们相信通过老中青年学者的不断努力,其影响会越来越大,并将对北大人文学科的建设和北大创建世界一流大学起到积极作用,进而引起国际学术界的瞩目。

---

  ① 本文库中获得国家社科基金后期资助或入选国家哲学社会科学成果文库的专著,因出版设计另有要求,因此加星号注标,在文库中存目。

丛书序言

北京大学是中国最早开展汉语教学的高校之一。1947年，西语系王岷源为印度政府派往北大学习的11位学生教授汉语，是高校对外汉语教学的较早记录。中国成立专门的对外汉语教学机构是在1950年，当年清华大学成立了"东欧交换生中国语文专修班"，时任清华大学教务长兼校务委员会副主席、后来担任北京大学校长的著名物理学家周培源被任命为班主任，曾在美国担任赵元任先生助手、富有汉语教学经验的邓懿负责教学工作。1952年院系调整，清华大学东欧交换生中国语文专修班整体调入北京大学，更名为"北京大学外国留学生中国语文专修班"，原师资也转移到北大，班主任仍由周培源担任。

北大在对外汉语教学领域一直处于排头兵地位，产生了学界多个"第一"。1953年，著名语言学家周祖谟发表了题为《教非汉族学生学习汉语的一些问题》的文章，是新中国第一篇对外汉语教学论文。1958年，邓懿主编的《汉语教科书》由时代出版社出版，成为新中国第一部正式出版的供外国人使用的汉语教材，此后陆续出版了俄、英、法、德、西、日、印尼、印地、阿拉伯等多种语言的注释本。1984年，北大在全国率先成立"对外汉语教学中心"，简称"汉语中心"。2002年，北大成立"对外汉语教育学院"，2003年北大对外汉语教育学院成为全国首批对外汉语教学基地。

对外汉语教学的历史很短，作为一个学科的历史更短。1982年，对外汉语才被列入学科目录；1986年，教育部设立对外汉语硕士专业，北大汉语中心开始招收硕士生；1998年，教育部设立对外汉语博士专业，北大2006年开始招收博士生。

对外汉语从诞生那一天起，就肩负学科建设和事业发展双重使命。2004年第一家孔子学院的建立，2005年世界汉语大会的召开，2007年汉语国际教育硕士专业学位的设立，都标志着对外汉语教学作为国家战略，进入了一个又一个新的发展阶段。然而，学科建设和事业发展应该同步，学科建设服务于事业发展，事业发展促进学科建设，两者互为助力，共同进步。近年来，汉语推广作为一项事业获得了巨大发展，这一点从孔子学院数量上可见一斑。到2016年年底，全球范围内共有512所孔子学院和1073所孔子课堂，遍布140个国家和地区。与此形成对照的是，对外汉语的学科建设亟待加强，基于其他语言特别是印欧语形成的教学和习得理论仍然一统天下，对外汉语在语言学及应用语言学学科内的话语权依然非常弱小。实际上，事业发展为学科建设创造了很好的条件。全球已有数以千万计不同母语背景的汉语学习者，对外汉语界学人可以利用有利条件，发现规律，形成理论，树立汉语作为第二语言的研究在应用语言学中的地位，建立学术话语权，为普通语言学做贡献，为中国语言文化的传播与推广做贡献。

2016年，北大人文学部开始筹划建设"北京大学人文学科文库"，"北大对外汉语研究丛书"是其中的一个子系列。美籍华裔企业家、社会活动家、北京大学名誉校董方李邦琴女士设立了"方李邦琴北京大学人文学科文库出版基金"，对文库丛书的出版予以资助。值得一提的是，方李邦琴女士也是北大对外汉语教育学院大楼的捐资人，大楼也以她的名字命名。我相信这套"北大对外汉语研究丛书"的出版，能够促进北大对外汉语学科的发展，使北大成为汉语作为第二语言理论与实践创新的基地，成为全球汉语教学与研究中心，成为应用语言学研究的一座高峰。对外汉语这个学科一定能成为矗立在燕园的一座学术高楼。

赵 杨

2017年8月

目 录

第一章 导 论 ……………………………………………… 1
    1 国际中文教师专业发展模式研究的重要性 ………… 2
    2 国际中文教师专业发展模式研究的独特进路 ……… 4

第二章 美国二语教师专业发展模式 ……………………… 8
    1 美国二语教师专业发展的历史演进 ………………… 9
    2 美国二语教师专业发展理念 ………………………… 12
    3 美国二语教师专业发展的有效途径 ………………… 16
    4 美国二语教师专业发展模式的特点与启示 ………… 23

第三章 欧洲二语教师专业发展模式 ……………………… 27
    1 欧洲二语教师专业发展的历史演进 ………………… 27
    2 欧洲二语教师专业发展理念 ………………………… 39
    3 欧洲二语教师专业发展的有效途径 ………………… 41
    4 欧洲二语教师专业发展的特点与启示 ……………… 58

第四章 构建国际中文教师专业发展模式 ………………… 62
    1 国际中文教师专业发展的历史演进 ………………… 62
    2 国际中文教师专业发展现状 ………………………… 72
    3 国际中文教师专业发展理念 ………………………… 74
    4 国际中文教师专业发展模式 ………………………… 76

第五章　反思模式下国际中文教师专业发展的具体路径 …………… 82
1　国际中文教师资格认证制度 ………………………………… 82
2　国际中文教师档案袋评价制度 ……………………………… 92
3　反思日志 ……………………………………………………… 102
4　反思性教学 …………………………………………………… 106
5　微格教学 ……………………………………………………… 108
6　行动研究 ……………………………………………………… 111
7　叙事研究 ……………………………………………………… 118
8　教师专业共同体 ……………………………………………… 126

第六章　国际中文教师反思成长个案 …………………………………… 134
1　新手教师反思成长个案 ……………………………………… 135
2　熟手教师反思成长个案 ……………………………………… 142
3　专家型教师反思成长个案 …………………………………… 151
4　国际中文教师专业发展规律与启示 ………………………… 163

参考文献 …………………………………………………………………… 168
后　记 ……………………………………………………………………… 176

第一章

导 论

　　国际中文教育是国家发展战略的重要组成部分。百年大计,教育为本;教育大计,教师为本。2018年,中共中央、国务院印发的《关于全面深化新时代教师队伍建设改革的意见》中指出:到2035年,教师综合素质、专业化水平和创新能力大幅提升,培养造就数以百万计的骨干教师、数以十万计的卓越教师、数以万计的教育家型教师。这是新中国成立以来党中央出台的第一个专门面向教师队伍建设的里程碑式的政策文件。2022年5月6日,教育部部长怀进鹏在《胸怀国之大者　建设教育强国　推动教育事业发生格局性变化》一文中指出,教师是办好教育的根本依靠。有高质量的教师,才会有高质量的教育。

　　目前,全球已有70多个国家把中文纳入国民教育体系,4000多所国外大学开设了中文课程,学习和使用中文的人数接近2亿。新中国国际中文教育事业经过70多年的发展,已经进入高质量内涵式发展的重要阶段。(马箭飞,2021)构建一支高素质的教师队伍是国际中文教育学科和事业发展的必要条件。教师专业发展是现代教育发展的历史要求和重要标志。自20世纪60年代开始,特别是80年代以后,教师专业发展成为世界教师教育的发展趋势与潮流,以及当代教育改革的中心主题之一。(王添淼,2020)一切教育改革最终都离不开教师,都需要教师去实践、去推动。(王添淼,2019)教师专业发展正是教师学习、实践和研究的内核。国际中文教师专业发展模式的研究,以及与国外先进的二语教师专业发展理念、教育标准和要求接轨,是推动国际中文教育可持续发展的重要保障。

1 国际中文教师专业发展模式研究的重要性

1.1 概念界定

1.1.1 国际中文教师

本研究中的国际中文教师指海内外所有从事国际中文教育的教师。同时,为了研究更具可比性和借鉴性,本研究有关国际中文教师专业发展现状和教师个案研究以在中国任教的国际中文教师为主,但是对国内外国际中文教师都具有启示作用。

1.1.2 专业发展

专业发展的内涵在不同研究者的论著中有不同的理解。Perry(1980)认为教师专业发展意味着教师个人在专业生活中的成长,包括信心和技能的提升、对所教学科知识的不断更新和深化以及对自己在课堂上为什么那么做的原因意识的强化。从最积极意义方面讲,教师专业发展包含着更多的内容,指成为一个把工作提升为专业的人,把专业知能转化为权威的人。叶澜等(2001)认为教师专业发展包括以下两种理解:一是教师的专业成长过程;二是促进教师专业成长过程,即通过教师教育实现教师成长。教育部师范教育司组织编写的《教师专业化的理论与实践》将教师专业发展定义为:"本质上说,教师专业发展是教师个体专业不断发展的历程,是教师不断接受新知识、增长专业能力的过程。教师要成为一个成熟的专业人员,需要通过不断的学习与探究历程来拓展其专业内涵,提高专业水平,从而达到专业成熟的境界。"

本研究的"国际中文教师专业发展"指教师个体对实践进行持续探究的专业不断发展的历程,包括国际中文教育信念的增强,中文学科和相关学科知识与技能的不断更新、拓宽和深化,成长为具有生产实践性知识和与国际中文教育界同仁合作能力等全面进步的学习型、反思型和研究型的教师。国际中文教师的专业发展,应该从内在改变和外在支持两种途径实现。内在改变,注重教师自主发展的模式;外在支持,强调外在的社会支持和促进机制。

1.1.3 专业发展模式中的"模式"

专业发展模式中的"模式",又称"范式",《现代汉语词典》的解释是"某种事物的标准形式或使人可以照着做的标准样式";《辞海》的解释是"在社会学中,是研究自然现象或社会现象的理论图式和解释方案,同时也是一种思想体系和思维方式"。可以看出,模式强调的是一种可以作为参考的方式和途径。本研究的教师专业发展模式,旨在为国际中文教师专业发展提供有益参考的方式和途径,包括促使教师专业不断发展,增长专业知能的内在改变方式和外部支持路径。

1.2 国内外二语教师专业发展模式研究现状[①]

国外在20世纪90年代初提出的技艺模式(Craft Model)、应用科学模式(Applied Science Model)、反思模式(Reflective Model)是二语教师专业发展的三种主要模式。一是技艺模式,也称为师徒模式,即把教学看作一门技艺,由具有丰富经验的老教师担任指导者,新教师从学徒开始,直到掌握全部技能的技艺模式。二是应用科学模式,即不再把指导者看作是单纯的工匠,而是看作应用科学的研究者。三是反思模式,即间接知识和实践经验相辅相成的反思模式。将教师定位成外在技术与原理武装的"技术熟练者"的时代已经过去,教师应该是"反思性实践者",在实践中建构和提升自身经验和知识。国内外对于教师专业发展反思模式有很多讨论(皮埃尔·布迪厄、华康德,1998;陈向明、王红艳,2010;王添淼,2010、2019等)。反思模式已经成为国外二语教师专业发展的主要范式。近些年,国内英语教育界也开始关注教师反思的研究。现今,国际中文教育界教师专业发展仍以技艺模式和应用科学模式为主,但若将其作为教

---

① 本节引用并参考王添淼(2019)。

师专业发展的唯一模式,显然是存在缺陷的。国际中文教育是一种二语教育,国外第二语言教育领域的一些学者已经意识到,外语教师的发展要依赖自身的优势(Spolsky,1980;Stern,1983;Wallace,1991)。二语教师的优势在于他们是专业人员,有实际教学经验,可以在实践中发现问题、分析问题和解决问题,这一过程本身就是发展。可见,教师专业发展出了一种新的模式,但我国有关国际中文教师专业发展反思模式的研究还未能引起学界的关注。

国际中文教育学科和事业的发展任重而道远,我们在增加教师数量的同时,要更为关注质量的提升,大力推动教师自主发展和主体地位的确立。国际中文教育的革新与教师专业发展的迫切性都在呼唤构建科学的、有效的、成体系的国际中文教师专业发展模式。实际上,国外二语教师专业发展模式的研究已取得了一定的成果,经过一些争辩与讨论,学者们已取得了较为深入的认识。国内教育学界有关教师专业发展模式也有一定的研究。然而,这些理论资源并未被国际中文教育界充分援用,相关研究尚不多见。基于此,我们试图在国外二语教师专业发展先进理念和模式的基础上,构建国际中文教师专业发展理念,并在此理念的指导下,构建一套能够充分发挥国际中文教师主观能动性,促进其终身学习,不断拓展专业知识和能力,提升专业修养和品质的专业发展模式,旨在使国际中文教师成长为学习型、反思型、研究型的国际中文教育专家。

2 国际中文教师专业发展模式研究的独特进路

研究进路,一般是指基于研究对象及内容的特点和规律所选择的研究路径和步骤。国际中文教师专业发展模式是本研究的研究对象,国外二语教师专业发展模式的特点和有效途径、国际中文教师专业发展模式的特点和有效路径,以及国际中文教师专业发展模式下的教师专业发展个案和成长规律是本研究的重要内容,也是本研究展开的独特进路。

2.1 国际中文教师专业发展模式研究的基本路径

研究路径是实现研究目的基本路线。本研究在路径选择时坚持两个统一性原则,即理论性和实践性的统一、整体性和系统性的统一。坚持理论性和实践性的统一,本研究既致力于探索构建国际中文教师专业发展模式的理论意蕴,又注重通过质化研究方法呈现国际中文教师专业发展的实然状态,揭示其成长规律和特点;坚持整体性和系统性的统一,本研究将理论探索和实践调研,即"应然"和"实然"看作一个整体,将各个部分和环节看作研究系统的要素。概而言之,本研究从理论和实践双重维度出发,勾勒出国际中文教师专业发展模式构建的理念、特点和有效途径,以及在此模式下进一步通过对国际中文教师反思成长个案的研究,揭示国际中文教师成长的特点和规律。

2.2 国际中文教师专业发展模式研究的内容和方法

本研究的主要内容包括三方面:第一,对教师专业发展位于世界前列的美国和欧洲二语教师专业发展模式的理念、特点和有效途径进行梳理和分析;第二,在国外二语教师专业发展模式先进理念的基础上,构建适合于国际中文教师专业发展的模式和具体路径;第三,在国际中文教师专业发展模式的指导下,探寻新手、熟手和专家型教师专业发展的规律和特点。

在研究方法的选取上,本研究主要采用文献研究法、比较研究法和个案研究法,具体运用方式如下:

文献研究法。本研究运用文献研究法对美国和欧洲二语教师专业发展模式进行了梳理、总结和分析,拓展和增强了本研究的学术视野和理论说服力。

比较研究法。本研究通过比较美国、欧洲二语教师和国际中文教师专业发展的历史背景、特点和模式,借鉴与吸收美国、欧洲二语教师专业发展模式的有效经验,探究教师专业发展模式的共同规律和发展趋势,以此作为构建国际中文教师专业发展模式的依据。

个案研究法。个案研究法是质化研究(Qualitative Research)的一种方法,是指在某一持续的、较长的时间里,对某一个体、某一群体或某一组织的行为发展变化的全过程进行调查和研究。这种研究方法也称为案例研究法。本研究探讨的是国际中文教师专业发展的历程,需要进行长期、深入、细致的考察,对他们的思想、感情和价值观念做出"解释性理解",而非实证研究所假定的客观的、静止的研究。研究者以动态的方式去追踪和深入理解,进而"真实"地呈现出国际中文新手、熟手和专家型教师专业发展过程、规律和特点。这种对人的特别关注能够彰显人的个性,以及社会生活的独特性、丰富性和多样性。这也正是本研究采取质化研究中的个案研究方法的价值所在。质化研究中有一个很重要的问题,就是研究者的价值问题。作为一个国际中文教师,一个"局内人",可能会遇到这样的质疑:你如何保持研究的"科学性"?你自身的体会与经验是否会影响研究的结果?这也是质化研究中的热点问题,即研究者相对被研究者来说是"局内人"还是"局外人"的角色问题。作为一名对国际中文教师有深切价值关怀的研究者,我的经历、背景促成我选择这一课题作为自己的研究方向。由于选取的案例正是我的同行,我们是共享同一文化的群体,所以熟知研究对象所处的职业环境以及在此职业环境中所从事的职业活动。质化研究属于解释主义范畴(陈向明,2008b),在研究的整个过程中,我始终充满激情与动力,采取"局内人"的视角。作为局内人,我可以较为彻底地理解研究对象的思维习惯和行为意义,有助于我理解被研究者所传达的意义。巧妙地处理个人经历也有助于研究的展开。在访谈过程中,我可以敏锐地捕捉到有用信息,有效地帮助被访者挖掘自己的潜在意识、深刻剖析自己的内心世界,并且抓住被访者话语中的某些信息追问下去,尽量不偏题,在最短的时间获得最大、最有效的信息。(王添淼,2014)因此,研究者在研究过程中既是"局内人",也要保持一定的"局外人"的距离感,从而能够相对客观地看待研究对象,秉持"理性上的诚实"的立场(冯钢,2001)。

2.3 国际中文教师专业发展模式研究的创新之处

2.3.1 理论基础和研究内容的创新之处

本研究认为不论是何种国际中文教师专业发展模式都不能忽视教师个体的存在,不能忽视教师的主观性和能动性,要强调教师的"自我更新"。具体而言,本研究的创新之处在于以下三点:

(1) 对教师本人专业发展中能动作用的关注。本研究强调教师本人在将外在影响因素转化为自身专业发展过程中所起的不可替代的作用,以及注重自我专业发展意识的独特作用。

(2) 对教师自身需要的充分关注。现今国际中文教师职前培养和职后培训往往忽视教师自身需要,直接导致教师专业发展受挫。但是,只是一味地满足教师的需求也未必能够实现高效高质的教师专业发展,我们更需要了解教师在不同专业发展阶段的特征和需求。所以,本研究质化研究的个案选取具有典型性的新手、熟手和专家型教师,从而有针对性地对教师自身专业发展过程给予关注和指导。

(3) 从教育学和社会学角度看待教师专业发展。本研究理论基础和研究框架都是把教师作为一个富有生命力的人来看待,强调教师发现自己周围场景"教育意义"的敏感性,强调教师对现实生活和教育情境中有利因素积极关注的意识和能力,使专业发展变为内化于心的执着的热爱之情。

2.3.2 研究方法的创新之处

本研究运用比较研究法和质化研究法对国际中文教师专业发展模式进行研究,研究方法的运用在当前国际中文教育界仍不多见。

第二章

美国二语教师专业发展模式

美国作为一个多元文化国家,非常重视第二语言教师的专业发展。1958年,美国联邦政府颁布《国防教育法》,带来了美国教师发展的"黄金时期"。《国防教育法》第六款确立了语言发展相关条款,成为美国第二语言教师专业发展的重要项目。1978年,美国外国语与国际研究总统委员会成立,并发布官方文件,对促进二语教师专业发展提出了一系列建议,掀起了"美国外语教育的复兴运动"。1987年,美国全国教师专业标准委员会应大势所趋成立,制定了《英语作为一门新语言的教师标准》,从准备、提升和支持学生的学习三个角度对二语教师的标准做了规定。2005年,美国发布了《全国语言(外语)大会白皮书》,把第二语言教育的重要性放到了维护美国国家安全的战略高度。

美国通过一系列改革与实践,二语教师的专业发展逐渐形成了较为成功的模式,成为一项系统工程,走在了世界的最前列。美国中文教师作为美国二语教师的一种,其专业发展模式是包含与被包含的关系。国际中文教师作为二语教师所存在的发展问题以及面对的社会需求,与美国二语教师的发展过程有某些相似之处。参考美国二语教师(包括中文教师)专业发展的具体模式、组织实施、认证标准和管理制度等方面的成功经验,一方面可以丰富我国对国外二语教师专业发展的理论研究,另一方面也将为国际中文教师专业发展模式的构建提供有益参考。

1 美国二语教师专业发展的历史演进

1.1 第二次世界大战结束至 20 世纪 60 年代:二语教师应具备的素质

美国学者 Freeman 开创了美国现代语言教师发展研究的先河。1941 年,他的论文《一个受过良好训练的现代语言教师应具备什么素质》在《现代语言期刊》上发表,首次在美国学术研究界明确提出第二语言教师专业发展问题。他指出,课程设置、教学方法和教学内容固然重要,但是,在任何教育体制下最终决定教育计划成败的都是教师发展,教师的发展才是主导因素。所以,教师要把自己看作一名具有责任感和自我检查意识的专业人员,教师需要进行全面的能力测评,而且也需要经常反问自己:"我是一名好教师吗?"同时,正规的学校教育只是教师职业生涯的开始,教师进入学校工作以后所做的一切,才真正决定其专业发展。他进一步提出了一名优秀语言教师应该具备的 6 个基本素质:(1)正确的语音和地道的语调是一名合格的语言教师最基本的素质;(2)熟练的口语,建议教师每天大声朗读半小时,尽量从外语授课中获得信心;(3)掌握所教语言的语法和句法;(4)掌握系统的词源学和大量词汇,扩大词汇量的最佳途径是学习和阅读自己感兴趣的材料;(5)透彻领会他国文明、文学作品,思考他国思想发展脉络、民族精神形成过程、个人情感态度、社会文化与问题以及个人与社会的关系,并通过对他国文学和历史作品的了解,更好地理解他国和世界,从而突破本国背景和文化的束缚;(6)具有语言教师的人格特征,如完善的知识储备、充沛的精力和活力、对教育和教师事业的热爱、耐心、换位思考的能力。(Freeman,1941)Freeman 于 1949 年再次撰文,在《教师怎么了》一文中对大学语言教师专业发展标准大纲提出质问,并就外语教师的聘用、职后培养提出了具体措施。(Freeman,1949)Freeman 为美国现代外语教师专业发展的起步阶段做出了前所未有的贡献,是美国二语教师专业发展研究的先驱。

1.2 20世纪70年代:外国语与国际研究总统委员会的建议

很多美国人认为美国在全球的霸主地位是不可撼动的,会英语即可走遍全世界,不需要学习其他语言,而其他国家的人都需要学习英语。70年代,美国开始逐渐意识到其在世界上的霸权地位发生了变化,苏联人造卫星的成功发射让其备受震撼,国家安全不能只局限于国防、外交和经济等领域。美国于1978年成立了外国语与国际研究总统委员会,并发布官方文件,指出美国人必须掌握用其他国家的语言和其他国家进行文化、经济等交流的技能,否则将难以在这个越来越紧密的世界中生存和竞争。所以,现今妨碍美国外交、外贸等国际事务能力的是外语能力和对外国文化理解力的严重欠缺。总统委员会的具体建议包括以下6条:(1)外语教学质量急需提高;(2)教师和学生的语言能力急需提高;(3)学校急需引进和明确外语教学目标与计划;(4)语言评估的全国标准亟待开发;(5)教师对国际观点的敏感度急需提高,进一步促进优秀教师交流与合作;(6)公众外语学习的意识和能力急需提高。

所以,职后外语教师的发展计划成为研究和改革的重点。总统委员会为职后二语教师的专业发展提出了以下建议:(1)对职后教师进行外语教学法培训并开展国际交流活动;(2)为职后语言教师在国外设立30个暑期学院,暑期学院通过讲授目的语和文化课程提高教师的目的语水平;(3)建议美国教育学会、美国人文学科捐助基金和中学后教育改进基金关注对教学法的研究,并资助中小学开展外语教学与研究的实验计划;(4)联邦政府应该在提高本职人员和各机构的外语能力方面采取积极行动。

从此,"美国外语教育的复兴运动"开启,对美国外语教育和教师发展的历史性转变起到了关键的促进作用。

1.3 20世纪80年代至今:二语教师专业资格标准的建立

20世纪70年代末至20世纪80年代初,美国总统签署了两份有关外语教师专业发展的报告,一个就是前面提到过的外国语与国际研究总统委员会的报告,另一个是1983年的《国家在危急之中:教育改革势在必行》。两份报告都明确表示对美国公立高中生学习外语课程学生人数的减少,以及只有少数高等学校对学生入学有外语要求这两个现象的担忧。同年,关于外语师资和外语教师教育专家严重不足的报告发表之后,美国教育改革运动拉开了序幕。1986年,被称为美国历史上教师教育的"分水岭"的《准备就绪的国家:21世纪的教师》和《明日的教师》等重要报告相继发表,核心要义是教师专业发展必须进行重大改革。要提高教师质量,一是确立教学工作的专业性地位非常重要,二是建立与专业职业相应的衡量标准非常重要。大势所趋,美国全国教师专业标准委员会于次年成立,确定了成功教师的五项原则,也就是美国教师专业标准的雏形,包括:(1)成功教师要对学生和他们的学习具有责任感;(2)成功教师谙熟所教科目并知道如何向学生传授;(3)成功教师负责管理和监控学生的学习;(4)成功教师要反思自己的教学实践,并从经验中学习和成长;(5)成功教师是学习社群中的成员。五项标准成为各学科教师专业发展的共同指南。

美国全国教师专业标准委员会还于1987年制定了《英语作为一门新语言的教师标准》,即英语作为第二语言的教师标准。对教师标准提出了如下要求(表1):

表1 英语作为一门新语言的教师标准

层面	标准
为学生的学习做准备	(1)关于学生的知识。 (2)关于语言和语言发展的知识。 (3)关于文化和文化多样性的知识。 (4)关于学科内容的知识。
提升学生的学习	(1)有意义的学习。 (2)通向知识的多种途径。 (3)教学资源。 (4)学习环境。 (5)评定。

续表

层面	标准
支持学生的学习	(1)反思行为。 (2)与学生的家庭建立联系。 (3)专业领导。

世纪之交,美国外语教育受到进一步重视。1999年,美国政府颁布了《21世纪外语学习标准》,这不仅进一步突出了外语教育的重要性,而且切切实实地对外语教育的水平和质量进行了规范。在此影响下,外语教师专业标准陆续出台,成为二语教师改革的重要成果。2005年,美国发布了《全国语言(外语)大会白皮书》,把第二语言教育的重要性放到了维护美国国家安全的战略高度。

由1958年《国防教育法》到1987年《英语作为一门新语言的教师标准》再到2005年《全国语言(外语)大会白皮书》,我们可以发现,20世纪50年代的标准主要关注的是二语教师应该具有的素质,没有意识到师生之间的互动,对教师自身反思的关注也不多;20世纪70年代注重对教师二语教学法的自上而下式培训;而20世纪80年代的入职标准和新世纪的职后标准,除了涉及对二语教师应具有教学知识和教学技能的描述,还包括教师了解学生的背景情况、了解学生语言学习规律、了解文化敏感性等方面的规定。更值得注意的是,后者关注教师的反思行为,要求教师定期对自己教学行为的有效性和质量进行分析、评价和强化。这一方面体现了反思模式逐渐在美国职后二语教师专业发展中占主导地位,另一方面也体现了人们对二语教师专业发展规律,乃至教师专业发展规律认识的深化。

2 美国二语教师专业发展理念

专业发展历史演进的不同,源于特定时期指导思想的不同。正是不同教育理念的影响,带来了不同的二语教师专业发展理念。这些教育理念也正是美国二语教师专业发展的主要模式,综合起来可以分为三种:技艺模式、应用科学模式和反思模式。本节将就三种模式的不同特点和对应时期的教师专业发展情况进行评析。

2.1 技艺模式

技艺模式是一种古老的教育模式,出现最早,使用范围最广,又称学徒制模式,是把教学当作一种技艺,由有经验的教师训练新手教师,直至他们掌握全部教学技能的一种模式(如图1所示)。Akin(1968)曾以类比的方式描述了教师发展方式与冶炼金属方式的相似性:多少世纪以来直到今天,技艺精湛的匠人年复一年地锻造金属,他们放进这样或那样的材料,按照一定的时间把它们加热,直至达到理想的色泽,再根据适当的标准使其冷却。就这样师父带徒弟,技艺世代相传。这一描述成为外语教学文献中有名的典故。

向"经验者"学习:演示 → 传授 → 实践 → 专业能力

图1 技艺模式(Akin,1968)

技艺模式对美国二语教师的专业发展有很大影响。与其他科目不同,语言学习者国别、性格、动机的不确定性,语言(尤其是词汇)的发展性,给二语教学带来了很多变化的因素,二语教师的专业发展比其他教师专业发展面临着更多挑战。在老教师的带领下,新教师可以身临其境地学习老教师应对不同教学情况的多种技能。因此,这种模式给二语教师专业发展带来很大影响,并于20世纪60年代中期占据了主导地位。即使在今天,新教师向老教师学"技艺"这种方式仍然常见。比如美国的"带教"制,由有经验教师离开课堂进行新教师入职培训,帮助新教师学习如何教学。带教教师与其专业学习圈形成了一个援助系统,帮助新教师发展批判性的反思实践活动。(钱扑、孙小红,2005)"带教"制以积极的方式帮助新教师明确专业方向,提高教学能力,平稳度过职业初始期,有效地提高了教师的专业素质。

2.2 应用科学模式

应用科学模式是迄今最有影响力的专业人员发展模式,其特点是对外语教学课堂进行科学实验和科学观察,定出可以推广的教学行为。具体模式如图 2 所示:

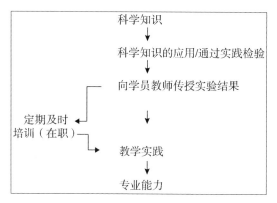

图 2　应用科学模式(Wallace,1991)

20 世纪 70 年代,美国针对二语教师专业发展提出了多项建议,"自上而下"成立了外国语与国际研究总统委员会,该委员会所提出的二语教师专业发展理念即应用科学模式的范本。委员会指出,教师们应直接吸收专家科学实验的成果,并应用至实际教学中,尽快提高教师教学水平。但是,应用科学模式所推广的外语教学行为,大多没有经过教师本人的消化和反思,在实际课堂教学中的效果常常难尽如人意。Schön(1983)认为,应用科学模式只基于"技术理性",即学员教师获得了关于教学实验的知识和结果之后,自然而然地能够将它们运用于自己的教学活动中。然而外语课堂学生来源的复杂性,教学内容的多变性,教学实践的不可预测性,使专家精心实验得出的预期成果,可能和实际操作结果不完全一致。由于教学理论是新教师们被动接受而非主动需要,一定程度上也忽视甚至限制了教师的主观能动性。

2.3 反思模式

应用科学模式存在不可避免的局限性,急需建立一种新的更有效的模式。反思模式兴起于 20 世纪 60 年代,是指教师在教学实践中发现问题,根据已有的实践经验和掌握的间接知识,对问题加以分析、思考,找出解决问题的方法,并在实践中加以验证。在这种循环往复的反思与验证过程中,教师的专业能力不断提高。反思模式的代表人 Wallace 用图 3 展示了反思模式:

图 3 反思模式(Wallace,1991)

从图 3 可以看出,教师在理论知识(包括间接知识和直接知识)指导下进行实践,实践中产生反思,反思促进实践,从而促进专业能力的提升(Wallace,1991)。教师成对地或成组地进行讨论,有时还要进行角色扮演,培训者也会提供一些信息,但更多的时候是和教师一起讨论,听教师发言,促进教师反思。(Osterman & Kottkamp,1993)反思模式应用了建构主义学习理论(Constructivism Learning Theory)。建构主义学习理论认为,知识不是通过教师传授得到的,而是学习者在一定的情境即社会文化背景下,借助其他人的帮助,利用必要的学习资料,通过意义建构的方式获得的。(李梅主编,2008)美国二语教师专业发展的反思模式受到了社会和学界的广泛欢迎。20 世纪 80 年代,全国教师标准委员会制定了《英语作为一门新语言的教师标准》,即英语作为第二语言的教师标准。教师标准将反思行为明确地列入英语作为第二语言教师评价的标准。同样地,在教师专业发展的"前线"——教师专业发展学校和专业学习共同体中,无不体现了这一模式。

3 美国二语教师专业发展的有效途径

虽然反思模式兴起的时间比较晚，研究还处于初始阶段，但它将理论与实践紧密结合，重视教师本人的教学实践和自身反思。反思模式正逐渐成为美国二语教师专业发展的主导模式。反思模式的实现得到了美国联邦政府的支持、外语专业协会的推动、教师专业发展学校的促进、教师专业学习共同体的协助以及外语教师资格认证制度的保证。反思模式指导下的美国中文教师的专业发展，也是通过这些途径实现的。本节将对这些有效途径进行论述。①

3.1 美国联邦政府的支持

美国联邦政府通过立法并资助相关项目的方式来支持二语教育和二语教师教育的发展。1958年，美国联邦政府颁布的《国防教育法》，美国教师发展迎来"黄金时期"。《国防教育法》第六款确立的语言发展相关条款成为美国外语教师发展的重要项目。相关条款包括"国家资源中心""外语与区域研究团队""语言资源中心"和"本科国际学习和外语"。"语言资源中心"条款是国家语言资源的一部分，致力于完善美国外语教学能力；"外语与区域研究团队"条款致力于发展现代外语、地区或国际研究的专业知识与人力资源，建设满足国家需要的国际专家人才库。三年后，在议员Fulbright提议下，美国国会又通过了著名的富布莱特—海斯项目，由当时负责教育事务的美国健康教育福利部组织实施，专门资助二语教师对外交流。1996年，美国颁布了《外语学习的目标：为21世纪做准备》，即一般所谓的总体目标。1999年，美国全国性语言组织——美国外语教学学会等九个协会在美国联邦政府"教育目标2000"的资助下，出版了《21世纪外语学习标准》。该文件成为美国各州和各地区制定符合本地发展的外语教育标准和课程框架的基础（王添淼、李伟言，2006），为各

---

① 本节引用并参考王添淼、方旭、付璐璐（2014）。

个层次的外语教学——小学、中学、大学项目的衔接提供了起点,同时增强了语言学习的连贯性和累积效果,使人们对外语学习目标达成了共识。二语教师明确了教学目标,在此目标的指导下制定教学内容、构建教学资源、设计教学方法和测试内容。《21世纪外语学习标准》对教师专业素养的提高具有引导作用。2005年,美国《全国语言(外语)大会白皮书》把外语教育的重要性放到了维护美国国家安全的战略高度。二语教师还可以通过学术休假、和专业相关的出差旅行及参加科研和教学培训来促进自己的专业发展。二语教师在科研与教学培训中探讨教学中的问题,弥补薄弱的专业环节,反思和尝试新的教学思路,逐步提高了自己的专业能力。

3.2　外语专业协会的推动

外语专业协会也对二语教师的专业发展起到了很大的推动作用。这里所说的"外语专业协会"不是指一个具体的协会,而是对以美国现代语言协会为首的外语协会的通称。外语专业协会对美国二语教师的发展具有极大影响,主要表现在:第一,外语专业协会代表教师去游说美国参议院议员和众议院,促成有关外语教育的立法,并拨款支持外语教育的发展,最著名的例子就是1958年的《国防教育法》;第二,以专业协会的力量向各种基金会申请基金,进行和外语有关的调查,指导外语学科和教师的发展;第三,制定行业标准指导教师专业发展,出版学术期刊,为二语教师的学术研究提供良好的平台,比如,美国外语教学委员会出版的《外语年刊》,为美国中小学二语教师学以致用提供了宝贵的资源,也为高校二语教师在重视学术研究和学术成果的美国高校中实现晋升提供了一个平台(黄子怡,2011)。此外,外语专业协会还应大势所趋,两度制定了具有影响力的外语教师专业发展的标准。1988年的《外语教师教育临时计划指南》,指出外语教师应在知识、技能和实践经验等方面进行必要准备,逐步实现个人发展、专业发展和专家发展。2002年,外语教师协会与全国外语标准委员会合作起草了《外语教师准备计划标准》,新标准包括六大内容:语言、语言学、目的语与其他语言之比较;文化、文学、跨学科概念;语言习得理论、教学实践;外语学习标准与课程和教学间融合;对语言与文化的评估;专业化。这个标准高度概括了外语教师应具备的教学素质和技能,成为美国当时最新的外语教师教育标准。就美国中文教师专业协会而言,美国各州都建立了自己的中文教师协会,定期举办中文教师研讨会,促进中文教师的专业发展。研讨会邀请大中小学中文教师,在承办学校举行,时间以春季为多。研讨会在征集教师意见的基础上设立中心议题,与会教师就中心议题进行讨论。比较热门的问题有"课堂管理与学生学习动机策略的培养""如何在课堂教学中落实以学生为中心的课堂教学模式""如何在中文教学中渗透中国文化""学生的汉字学习"等。会议邀请有经验的中文教师做报告,有的就教美国人学习中文过程中的问题进行具体讨论,如师生关系的处理;有的传授一些易学易教的中华文化技能,如中国结的制作。研讨会广泛地收集中文教师的实际需求,教师的参与热情高,成为广受美国中文教师欢迎的职后专业发展方式。

3.3 教师专业发展学校的促进

教师专业发展学校是大学与中小学合作,以中小学为基地,职前教师培养、职后教师培训、学校改革为一体的教师专业发展新模式。从1986年霍姆斯(Holmes)小组倡议建立至今,教师专业发展学校致力于大中小学各科教师的专业发展,成为美国教师专业发展的主要途径之一。教师专业发展学校的实施主体包括大学教师、中小学教师和职前教师(即实习生)等。三者专业发展方法如表2所示:

表2 教师专业发展学校实施主体专业发展方法

大学教师	实习指导教师和学术研究者。作为实习指导教师,以观察法收集实习生教学实习活动的有效信息,做详细记录,整理分析后及时反馈给实习生,纠正其不恰当教学行为,促进其教学实习。作为学术研究者,参加在中小学举行的各种集会,与中小学教师和实习生共同讨论教学实际问题,交流共享教学经验,并把中小学存在的问题和宝贵的实践经验反馈给大学,进行更深入的研究。

续表

中小学教师	一方面与大学教师合作,共同指导实习生的教学工作,另一方面利用业余时间到大学选修课程,自我发展。 其他专业发展方法:根据个人兴趣或共同任务参加各种行动研究小组;参加各种学术会议,发表个人见解,相互交流经验,讨论共同关心的话题;考察其他学校。
职前教师	接受有经验教师的指导,通过PDS组织的研究会、研究小组、示范课、小组教学、集体备课等方式,丰富自己的教学经历;通过一段时间的上岗实习,提高自己的专业实践能力。

教师专业发展学校的运作体现了三个特点:共事、合作和责任感。共事方面,参与教师专业发展学校的大中小学二语教师及实习教师,他们作为紧密联系的集体,具有平等的伙伴关系,大家价值平等,共同学习;合作方面,教师专业发展学校参与者努力实现共同目标的责任分担及权力制衡,他们认为成功的合作,不仅在于共同目标的实现,也在于所有参与者都有所付出,有所收益;责任感是维持成功、长期伙伴关系的关键,这种责任感需要每个参与者理解自己对谁负责,如何负责,以及怎样做才能实现共同的目标。(Marlow et al.,2005)中小学教师不仅通过选修大学课程丰富了教学知识和技能,而且通过参加小组学习、学术会议、学校考察等增长了个人经验,在处理教学问题上更加游刃有余。大学教师亲身感受中小学教学环境和存在的问题,互相讨论,更促进了科学研究和教学方式的改革。在教师专业发展学校里,二语教师一方面互通教育资源信息,丰富了自己的专业知识;另一方面,通过课堂观察和合作讨论,发现教学中的问题,并做出进一步研究,提高了自己的学术研究水平。

3.4 教师专业学习共同体的协助

教师专业学习共同体是由具有共同愿景的管理者与教师组成的团队,共同体成员并非像专业发展学校一样有一个既定的框架,而是学校中的教师和管理者持续学习、分享学习,并将其所学应用于实践的自发组织的共同体。Robert & Pruitt(2008)对教师专业学习共同体促进二语教师专业发展的方式有详细的描述,概括起来,包括以下五种。第一,分权学习。教育领导由以前的官僚管理转变为促进式领导和建构式领导。促进式领导表现为校长在建立共同愿景、培养教师领导者和组建学校新领导班子等方面的行为;建构式领导指的是使教育共同体的参与者建构起对学校共同目标的意义的理解。第二,持续的专业发展活动学习。这些专业发展与工作相结合,以学校为基础,其指导性原则有学生的成绩、职业要求标准等。第三,团队合作学习。包括学习群体、学习圈子、互助式指导、顾问、团队教学等。团队合作有很多益处,包括合作学习和责任分摊。第四,课堂观摩学习。课堂观摩是二语教师的同事或教学督导(即督学)进入该教师的课堂,观察和聆听课堂互动的行为,并及时给予反馈。教师之间彼此听课,互相分享信息和经验,实现双赢。第五,职业档案学习。分为工作档案和展示档案两种:前者包括详细的个人资料、班级活动的照片、学生作业的样本等;后者则是从职业档案中挑选出来的更集中的展示资料,如有代表性的照片和班级活动录像等。对二语教师的专业发展来说,档案最重要的是其自我评价功能和反馈功能,档案的支持和记录可以帮助年轻教师不断学习和进步。比如,赴美从事中文教学的教师,学校将指派有经验的二语教师带动新手教师,指导新手教师的教学工作,检查新手教师的课堂管理和课堂进展情况;每个学区设立学监,监督中文教师的教学活动,接受中文教师的定期教学汇报;每周都有在职培训学习,首先由校长汇报一周情况,其次所有教师进行分组,讨论教学进展等情况。(潘若芸,2011)可见,在教师专业学习共同体中,二语教师可以根据自己在特定时期的不同需要而进行学习,教师可以选择适合自己的学习方式并不断调整。活动形式多种多样,活动的空间和时间选择很多,实现了二语教师主观上的自愿性和发展上的自主性,增强了教师间的交流与合作,促进了教师的专业发展。

3.5 外语教师资格认证制度的保证

教师资格认证制度是对申请或获得教师资格的人进行审核的一套指

标和程序,是确保教师专业发展质量的关键之一。美国的教师资格认证制度经过两百多年的逐步发展,如今已经具备了一套较为完善的认证机制,主要有四家认证机构:美国全国教师教育评估委员会、新教师评估与支持州际联盟、全美专业教学标准委员会和美国优质教师证书委员会。由于全美优质教师证书委员会的杰出教师标准尚未正式推出,我们主要介绍前三家认证机构的认证范围、指南文件及认证标准,如表3所示,以及美国《入职外语教师许可标准》和《优秀外语(非英语)教师标准》的基本框架,如表4、表5所示。

表3 教师资格认证制度机制

认证机制	认证范围	指南文件	认证标准
美国全国教师教育评估委员会	职前教师质量控制组织	《外语教师培养课程标准》	语言、语言学、语言比较、文化、文学、跨学科的概念,语言习得理论与教学实践,外语学习标准与课程及教学整合,语言与文化评定,专业化。
新教师评估与支持州际联盟	教师入职资格认证机构	《入职外语教师许可标准》(见表4)	学科知识,学生发展,学习者的多样性,教学策略,学习环境,交际,教学规划,评估,反思实践与专业发展,社区。
全美专业教学标准委员会	职后优秀教师资格认证机构	《优秀外语(非英语)教师标准》(见表5)	学生知识,公正,语言知识,文化知识,语言习得知识,学习的多种途径,课程与教学的整合,学习环境,教学资源,评价,反思作为专业成长,学校、家庭、社区,专业社区,倡导外语教育。

表4 美国《入职外语教师许可标准》

标准	名称	指标
1	学科知识	精通目的语及其文化。
2	学生发展	掌握学生学习规律。
3	学习者的多样性	理解学生在知识、经验、能力方面的差异。

续表

标准	名称	指标
4	教学策略	运用不同的教学策略。
5	学习环境	创造互动、支持性学习环境。
6	交际	运用有效的言语与非言语交际。
7	教学规划	规划以目的语文化、标准化课程、学习者情况、学习环境为基础的教学。
8	评估	运用不同策略监督学生学习,传授知识、汇报进步。
9	反思实践与专业发展	成为反思实践者,寻求专业成长机会。
10	社区	加强与同事、家长的联系。

表5 《优秀外语(非英语)教师标准》

标准	名称	指标
1	关于学生的知识	了解学生发展、重视学生个体。
2	公正	公正对待不同种族、不同语言、不同民族的学生。
3	语言知识	通晓目的语语言。
4	文化知识	精通目的语语言及文化。
5	语言习得知识	熟悉学习语言的不同规律与不同教学方法。
6	学习的多种途径	运用不同教学策略帮助学生发展能力、拓展知识、增进理解,激发学生的批判思维与创造思维。
7	课程与教学的整合	确保学生语言水平全面、不断的提高。
8	学习环境	充满关爱与挑战的学习环境。
9	教学资源	选择、调整、创造、使用恰当的资源。
10	评价	运用多种合适的课程与学生评价策略,用评价结果监督学生。
11	反思作为专业成长	不断分析、评价教学质量。

续表

标准	名称	指标
12	学校、家庭、社区	与其他学科的教师、家长、学校和社区成员合作。
13	专业社区	为改进教学内容、深化学科知识、指导其他语言教师的教学实践做贡献。
14	倡导外语教育	倡导关注所有学生校内外全面的、持续的、能为学生提供学习多种语言机会的课程内容。

我们从以上外语教师资格认证标准的内容可以发现,随着外语教师职业生涯的发展,美国外语教师资格标准的条款不断增多,难度不断增强,有的条款甚至细化到了两个,标准更为全面,这些都激励着二语教师不断充实知识,改进教学,寻求自主发展。二语教师资格认证制度的实施也不是一朝一夕可以完成的,而是需要通过教师档案袋评估和参与评价活动等,经过笔试、面试、档案记录以及数次课堂观察等程序,才有可能实现。美国二语教师质量认证体系的不断完善和健全,为二语教师可持续的专业发展提供了可依据的标准和强有力的保证。

4 美国二语教师专业发展模式的特点与启示

美国在培养具有反思模式的二语教师队伍方面经验丰富,成效卓著。二语教师专业发展的有效途径都受到反思模式的指导,旨在培养具有反思能力的二语教师。具体而言,美国二语教师的专业发展对国际中文教师专业发展的启示包括以下几点:

4.1 教师专业发展是一项系统工程

美国二语教师专业发展在美国联邦政府的支持下,获得了数量可观的专业发展项目和资金援助;借助外语专业学会的推动,取得了丰厚的第二语言学术研究的基金和宝贵的专业发展资源。借助教师专业发展学校和教师专业学习共同体,级别不同、经历各异的二语教师得以互相切磋。

借助教师资格认证制度的保证,二语教师专业发展无论是职前、职后都具备了可遵循的标准,二语教师实现了终身学习和职业生涯的可持续发展。这些二语教师专业发展的有效途径已经构成了一种系统性的力量,不断影响着美国每一位教师、每一所学校和每一项具体的专业发展活动。近年来,国际中文教育已经成为中国参与构建世界文化大格局的客观需要。国际中文教师的专业发展受到更多的关注,专业发展途径不断增多。比如国内外各种讲座、研讨会和学术会议的增多,国际中文教师培训学校和培训班的增加,国际中文教师工作坊的建立等。由教育部中外语言交流合作中心组织编写的《国际汉语教师标准》《国际汉语教学通用课程大纲》《国际汉语能力标准》《国际中文教育中文水平等级标准》纷纷出台,表明了国家对国际中文教育的高度重视。中文国际推广是国家软实力的重要体现。国际中文教师专业发展程度决定着中文国际推广的可持续发展。我们需要借鉴美国的经验,使国际中文教师专业发展成为一项系统工程,教师专业发展途径更为科学、合理、有效,具有更强的可持续性。

4.2 在实践中实现自主发展

教育是实践性的,专业知识固然重要,但必须与实践结合起来,才会发挥其固有作用。美国在对职前二语教师的教育中,把教育实践放在极其重要的位置,除参加研究会、研究小组、示范课、小组教学、集体备课等,还必须开展为期一年的实习,见习、上岗各一学期(罗华玲,2006)。大跨度的实习为职前教师自我回顾、自我诊断和自我监控提供了充足的时间,也加深了其对教学活动规律的认识和理解。职后二语教师虽不需教学实习,但仍需参加各种课堂观摩、课例研究、学校考察等活动,在听课中分享信息和经验,在研究中不断改进教学实践。可见,教师无论是何种身份,经验如何,都必须参与有利于专业发展的各项实践活动,亲力亲为,在实践中吸取经验,提高教学水平。国际中文教师在其专业发展过程中,应更重视实践能力的培养。脱离实践的理论对教师专业发展的作用是有限的,教师必须自己在教学实践中发现问题和解决问题。教学管理者应该做的,是为教师提供一个在实践中发现问题和解决问题的平台。这个平台若大,可以是一个教师专业发展协会,一个教师专业发展研究基地或一所教师专业发展学校;平台若小,可以是一个教师互助组,一个读书俱乐部或一个备课评课团体。教学管理者应鼓励教师在实践中积极探讨教学问题,解决教学难题,提高教学水平。

4.3 在团队中获得共赢

在现代组织中,学习的单位应该是团队而非个人,团队的学习会带动个体成员的成长,并使其得到比孤军奋战更深刻的启发。美国的教师专业发展学校和专业发展共同体,都是在团队中实现教师的专业发展的。在教师专业发展学校和专业发展共同体中,专家、大中小学教师与职前教师构成一个信息共享的学习体,打破了教师的自我封闭状态。教师在与专家的集会和讨论中接受最新的教学理论,专家也可在一线教学环境中收获新的启发。在专业发展共同体中没有教育者和被教育者的地位差别,只有同伴式的友好交流,相互学习和相互促进,在团队合作中获得共赢。而我国传统的教育方式,是教师独立授课。一套教材加一个讲台,往往是教师职业生涯的全部内容。这客观上造成了教师职业的孤立状态,不利于教师的专业发展。当今社会是学习型社会,教师的专业发展应该是合作中的专业发展,教师只有在团队中才能获得动态的、可持续的专业发展。就国际中文教师而言,我们应该巩固教师间的合作关系,创造教师间的合作学习机会,学校之间或学校内部可成立教学研究小组、召开教学研讨会、开展中文案例教学,增加中文教师的对话,打破学术孤立,鼓励经验分享;同时,新老教师可根据自身需要去大学进修,既聆听最新知识,也分享自身经验。教师之间应摒弃地位差异,以提高教学素质与技能为本,在平等的基础上讨论研究课题,各取其长,获得共赢。

4.4 在资格认证制度下实现可持续发展

美国在二语教师专业发展进程中,逐步建立了职前、入职、职后"三位一体"的二语教师资格认证制度,这些制度无论从系统性、严谨性还是先进性来看,都处于世界领先地位。实施资格认证制度一方面鼓励教师参加各种专业发展活动,以达到各阶段教师资格考试的标准,调动了教师求发展、求进步的热情;另一方面,为教师职业生涯规划了一个可持续发展的蓝图,为二语教师的专业发展提供了可遵循的规范和强有力的保证。在我国,国际中文教育学科兴起时间不长,近年刚被列为国家二级学科,国际中文教师的专业发展尚未构建起专业、系统、完善的资格认证制度。如前文所述,美国的教师资格认证系统早已非常成熟,且其教师资格认证制度也被教育界公认为促进教师专业发展的关键途径之一。所以,我们需要构建一套能够促进教师进步和可持续发展的资格认证制度。

美国二语教师专业发展模式已经历了几十年的论证与广泛的实践,具有很强的借鉴意义,值得我们去探究和借鉴。与此同时,美国二语教师专业发展模式不应该被教条化,而应该取彼之长,补己之短。

第三章

欧洲二语教师专业发展模式

　　随着全球一体化趋势的增强,国际交流与合作的不断加深,世界各国面临着共同的危机与挑战。在此种形势下,文化教育被赋予了更为重要的战略意义,各国教育经历了或正在经历一场深刻的关于课程与教师教育的变革。世界各国纷纷在文化教育上展开竞争,以提高教育质量,增强国家或地区的综合实力。在这个进程中,第二语言的学习与教学发展备受重视,第二语言教师的专业发展也成为当下引人关注的话题。正是在这种国际环境下,欧洲各国开展了一系列轰轰烈烈的二语教育改革运动。同时,欧洲地区的第二语言教师专业发展道路也具有一定的独特性与代表性,颇具借鉴价值。

1　欧洲二语教师专业发展的历史演进[①]

　　由于独特的教育传统与文化因素,历史上,欧洲各国的语言交流极为密切,外语教育起步时间较早,职业第二语言教师的最早出现时间可以追溯到古希腊、古罗马时期。欧洲历史上二语教育经历了一个长期的发展历程,第二语言的教学方法、技巧、思路一直在不断进步与完善。例如,19世纪的后数十年中,欧

---

① 本节引用并参考王添淼(2022)。

洲掀起了一场重要的外语教学改革,许多欧洲国家通过一系列举措,让现代外语作为独立学科进入中学与大学的课程体系之中,旨在摆脱语法翻译法,彻底改革二语教学法,提高外语教学质量,使外语教学更见成效。加入改革运动的有专门学者(例如 Sweet、Vietor、Passy、Jespersen)、中学语言教师(例如 Walter、Klinghardt、Widgery、MacGowan),也有以投资为目的的外语教学支持者(例如 Berlitz、Stern)。在这场二语教育运动的推动下,教育部门采取了一系列行政措施,学校的教育体制得到改良,国际语音学会和语言教师协会这样的新学术团体也随之诞生,关于二语教学的辩论如火如荼地开展起来。这为欧洲地区日后进行广泛而深入的第二语言教师专业发展运动形成了良好的历史传统,且奠定了深厚的基础。

然而,欧洲开始出现真正意义上的二语教师专业化发展运动,却是在20世纪后半期,它是伴随着欧洲一体化进程与教育体制改革运动逐渐兴起和发展的。第二次世界大战的十年筑成了一道"分水岭"。战时美国运用的"军队教学法"(Army Method)成为战后二语教学的热门话题,对以英国、法国为代表的欧洲多国都产生了重要影响。第二次世界大战后,多种语言成为国际性语言,并在联合国及其教科文组织中被采纳为官方语言,还有部分语言成为国家或地区的正式语言。世界范围内的贸易、旅游、科学、文化交流进一步加深,尤其是国际移民趋势进一步凸显。此外,国际交流日渐频繁,越来越多的欧洲人为了工作、生活,需要把越来越多的语种作为第二语言进行有目的的学习,故二语学习需求猛增。这一切都使得二语教育的重要性大大提升,提高二语教学质量,推进二语教师专业化发展成为欧洲各国面临的重大挑战与机遇。

因此,在欧洲实现一体化战略发展目标的道路上,语言教育逐渐成为了欧洲一体化进程之中的一项重要任务与挑战,第二语言教师的专业发展问题作为欧洲语言教育发展的重要内容之一,也成为欧洲文化教育工作的重点。在这个过程中,前有欧共体,后有欧盟,此外还有大大小小的民间组织机构,均在语言教育发展和二语教师培养与专业化发展的道路上进行了不懈的探索与努力。本节将按照时间顺序分为第二次世界大战后至20世纪60年代中期、20世纪60年代中期至21世纪初、21世纪初期至今三个时期,对战后欧洲地区第二语言教师专业发展的历史演进进行重点梳理和分析。

1.1 第二次世界大战结束至20世纪60年代前期:萌芽期

第二次世界大战结束至20世纪60年代前期这段时间,欧洲刚刚经历了第二次世界大战的浩劫,痛定思痛,走上了欧洲一体化的道路。在教育问题上,欧洲人意识到了语言教育的战略意义,重新审视了语言教师的重要地位,逐步确定并执行了多元化语言政策。随后,欧洲主要机构颁布了一系列政策、文件,尊重并维护了多语制这一语言现实,但是这个时期,欧洲地区的多元语言政策尚处于起步期,还有不成熟之处,需要进一步发展完善。在相关语言政策的推动下,欧洲地区的第二语言教育得到一定程度的发展,第二语言教师的职业教育规划应运而生,统一的欧洲外语教育政策总体框架得到初步确立。这些政策、法律与倡议为下一时期欧洲的二语教师职业教育与专业化发展的整体框架打下了良好的制度基础。

多语制(Plurilingualism)是指在某一国家或者地域范围内有两种或两种以上的语言在社会团体内通行的语言政策。早在欧洲共同体初期,语言与文化问题就被认为是这个区域性超国家组织所面临的重要挑战之一。语言问题也是欧盟必须面对的一个重大问题,欧盟和欧盟理事会对于语言问题做过许多重要的决定。从一开始,欧洲经济共同体就对于语言的使用做了明确的规定,此后它采取的一直是语言多元化的政策,以保证欧盟内部的团结。(胡文仲,2011)1957年,《罗马条约》提出了实行"多语制"的语言政策,这使得欧共体境内施行多种语言并行的教育设想成为可能。1958年4月15日,欧洲共同体委员会颁布了有关作为共同体正式官方语言和工作语言的1号条例,正式确认了英语、法语、德语等11种欧洲会员国的官方用语或欧洲机构的工作用语,且地位一律平等。这部法案成为欧盟语言多元化政策最早最直接的法律依据,也标志着欧洲共同体语言多元化政策正式开始。

第二次世界大战结束至20世纪60年代前期,欧洲共同体颁布施行了一系列政策性、法律性文件,持续尊重和维护了多语制这一语言政策。

一方面，重视外语教育有助于保护欧洲灿烂辉煌的多语言多文化并行的历史传统；另一方面，不同国家、文化与社会的相互交流能够增强国家之间的经济、政治等方面的合作互惠，而经济、政治不断深入合作也使得多语言、多文化之间进一步相互理解和沟通成为可能。同时，欧洲各国公民通过接受多种多样的语言教育，能够对他国文化与社会更加尊重、理解与包容。民众间语言文化交流合作的日益深入，在语言与心理层面上为欧洲一体化进程扫除障碍。因此，对欧洲公民而言，掌握多种欧洲国家语言已经成为享受欧洲一体化进程所带来的种种便利与机遇的重要前提条件，这使得发展第二语言教育成为了紧跟时代步伐的迫切召唤。

基于这种历史背景与现实需求，在欧洲范围内，以欧洲共同体为核心的机构团体通过了一系列关于语言政策与外语教育的立法、协议、决议及建议，在欧洲政府间达成了广泛的外语教育共识，为欧洲共同体及后来的欧盟二语教师专业化发展进行了有效的政策引导与制度建设。

除欧洲共同体及其下设机构之外，值得一提的是，欧盟地区的语言多元化政策从确立到实行的进程、第二语言教学与研究的发展以及二语教师专业化发展之路，都受到了另一个国际组织——欧洲委员会的直接影响和强烈推动。欧洲委员会于1949年5月5日在伦敦正式成立，总部设在法国的斯特拉斯堡，原为欧洲10个国家组成的政治性组织，现已成为欧洲一体化进程之中不可忽视的一个国际组织。

在语言政策的引导下，欧洲共同体涉及第二语言教师的职业教育规划应运而生。1957年，《罗马条约》在提出多语制的语言政策之余，也涉及了关于语言教师的职业教育规划问题。在构成《罗马条约》两大条约之一的《建立欧洲经济共同体条约》第128条中，包括了一项关于职业教育培训的重要规定。（胡伯特·埃特尔、喻恺，2009）在此条规定中，欧洲经济共同体同意为了在职业教育培训领域内达成一个共同政策的目标，由其理事会制定一些关于共同职业培训政策的基本原则。1963年，欧洲共同体进一步确立了共同的职业教育政策。这些政策性文件为未来欧洲二语教师职业教育与专业化发展的整体框架打下了基础。

总之，从第二次世界大战结束至20世纪60年代前期近二十年的时间里,欧洲共同体在一体化道路上尚处于探索状态,虽然在多元化语言教育政策与二语教师的职业发展规划上迈出了宝贵的一步,但是第二语言教育发展的重心主要还是放在探究语言本体与研究二语教学方法之上,重在提升语言教学成效。在这段时间,欧洲的二语教师专业发展依然处于萌芽期,未能在世界范围内产生重要影响。

1.2 20世纪60年代中期至21世纪初:框架构建期

第二次世界大战后,全球政治版图发生巨变,欧洲列国普遍衰弱,民不聊生,而美国经济政治实力空前增长,成为世界头号强国,谋求称霸世界。同时,苏联经济实力在"五年计划"的大力推动下也迅速崛起,在世界上形成了与美国相互对峙的政治格局。过去的以欧洲为中心的世界格局已不复存在。在20世纪50年代,北约、华约两大集团出现,美苏两极格局形成。以美国为首的北约和以苏联为首的华约施行军事对峙,并对第三世界展开争夺;经济上相互禁运和封锁,并开展军备竞赛,妄图取得战胜对手的优势;意识形态上也相互攻击。这种局势持续了近半个世纪。随着东欧剧变和苏联解体,美苏两极格局彻底瓦解,形成了"一超多强"的世界格局,世界多极化趋势增强。从第二次世界大战的阴霾下恢复、清醒并不断反思的欧洲民众在两极格局的威压下,深刻地意识到欧洲各国之间和平共处、团结合作、互利互惠才是实现战后欧洲和平复兴的必由之路。

国际化趋势加强,特别是欧洲一体化进程的加快,对于欧洲二语教师的专业化发展产生了重要影响。在近半个世纪的时期里,欧洲各国不仅在经济上积极推进一体化进程,在文化教育方面也加快了步伐,强调多元文化并存,实现共同发展。20世纪末,欧洲一体化进程进一步加快,他们深刻地意识到培养现代欧洲公民跨文化、跨语言交流能力的紧迫性,希望能够克服各国语言、文化、社会经济、政策、宗教信仰等方面的差异,增进相互之间的理解与协作,而语言教育正是克服这些障碍的有力工具之一。(王添淼,2012)在此背景之下,第二语言教师的职业发展走上专业化、制度化、模式化的道路。

20世纪60年代中期至21世纪初,欧洲二语教师处于一个专业化发展框架的构建期,二语教师的职业从过去的经验化、随意化到专业化,经历了一个渐进的演变过程。(单中惠主编,2010)以80年代为界,欧洲二语教师的专业发展可以分为两个阶段,即20世纪60年代中期至70年代的初步发展阶段和20世纪80年代至21世纪初的迅猛发展阶段。

1.2.1　第一阶段:初步发展阶段(20世纪60年代中期至70年代)

进入20世纪60年代,欧洲语言教学发展与改革对于欧洲的二语教师教育和专业化发展产生了重要推动作用。1962年,联合国教科文组织下属的教育学院在德国召开了初等教育中的语言教学国际会议。欧洲委员会下属文化合作理事会在1964年开启了名为"现代语言主工程"的研究计划;同时,在柏林召开了以现代二语教学为重要议题的国际大会。同年,《语言学科学与语言教学》出版,这是英国首部将语言学与语言教学相结合的重要学术著作。1966年,语言教学和信息研究中心在伦敦建立。在这个时期,欧洲二语理论与教学工作者依然将教学法看作二语教学中的中心问题,对其仍然表现出了极大热情。此外,几种富有创新性的教学方法,如沉默法(the Silent Way)、集体语言学习法(Community Language Learning)以及暗示法(Suggestopaedia)都受到了二语教学界的广泛关注。

同时,人们的关注对象从对教学法的探索开始逐渐转向二语教学的目标。这是因为Chomsky转换生成语法的出现在语言学界掀起了轩然大波,第二语言教学领域也出现了大震荡,许多二语教师迷失方向,不知何去何从。由此,二语教学的目标被看作欧洲二语教学发展的新思路。1971年,在瑞士召开的成人语言教育教学问题研讨会,为促进欧洲第二语言教师专业化发展打下了坚实基础。其中较为突出的成果便是1975到1981年间颁布的《入门水平》和《起步水平》。这是两份为了促进欧洲人有效交流与合作的语言水平等级描述框架,它们为现今风靡整个欧洲语言学界的《欧洲语言共同参考框架:学习、教学、评估》(以下简称《共同框架》)的制定与施行打下了重要基础。

教师专业化运动的兴起促使欧洲二语教师专业化发展的进程大大加

快。20世纪60年代中期,以英国、德国等为代表的欧洲许多国家对教师素质的关注达到了前所未有的程度。1966年,联合国教科文组织和国际劳工组织在法国首都巴黎召开了主题为教师地位的"政府间特别会议",并通过了《关于教师地位的提议》,这份倡议书充分强调了教师的专业化性质,发出了"教师应被视为专业"的响亮呼吁。这是世界上首次以官方文件的形式对教师专业化做出的明确说明,它肯定了教育工作的专业化性质,提出了教师专业化的发展要求,在英国、法国、德国等主要欧洲国家引起了很大反响并得到了专家、教师与从业人员的积极响应。此后,欧洲地区各国二语教师的地位得到了一定程度的提升,欧洲二语教师专业化发展进程开始加快。在20世纪70年代,欧洲委员会提出了欧洲语言发展规划问题,并自此开展了一系列卓有成效的语言教育工作。

1.2.2 第二阶段:迅猛发展阶段(20世纪80年代至90年代)

20世纪80年代至90年代这一时期,是欧洲二语教师专业发展的迅猛发展阶段,取得了许多重要成果。随着二语教育改革发展的深入,欧洲对于教师教育问题给予了越来越多的关注。尤其是从80年代开始,二语教师专业化更成为了语言教育改革的主旋律,从而极大地推动了欧洲二语教师的专业发展。在欧洲范围内,或通过制定二语教师专业标准和推行资格认证,或通过教师团体发表相关报告,或通过专家学者发表演讲或出版论著,二语教师专业化趋势在欧洲不断地向纵深发展。具体体现在以下几个方面:

第一,二语教育得到前所未有的重视,二语教学的教育改革进一步加深。1982年,欧洲理事会在其部长委员会通过的《建议》中指出,欧洲境内多元的语言及文化是一项丰富的遗产,也是一项值得保护与发扬的宝贵共同资源。随后,欧洲议会分别于1983年、1984年和1988年三次通过了关于在欧洲共同体积极开展外语教学和传播的专项决议。1987年,欧洲教育部长常务会议以"教师和师范教育的新挑战"为主题召开,揭开了欧洲新时期二语教育改革的序幕,并在90年代末期起草了《欧洲语言教学评估共同纲领》。欧洲各国纷纷顺应形势,掀起了二语教育改革的热潮,目的是通过提高二语教学质量,促进语言多样化,使每个欧洲公民除自身母语之外,掌握两种欧洲语言,增强在劳动力市场中的核心竞争力。1995年,欧盟委员会发表白皮书《教与学:迈向学习型社会》,强调一个公民想要为一体化的欧洲做贡献并能在职业生涯中得到机会的话,至少要掌握三门外语。经过长期的努力,欧洲二语教学呈现出外语学习从低幼年龄开始、鼓励熟练掌握多种语言、提供更加丰富的语言课程、形成多种语言文化氛围等特点。

第二,语言学习带来的教育改革热潮,使二语教学与教师地位得以提升。"师范教育"逐渐延伸为考虑二语教师专业发展的"教师教育",出现了"教师培育一体化"的重要概念。(单中惠主编,2010)在此期间,除了强调第二语言教师群体的外在的有关专业提升的"教师教育""教师培训"等专业名词以外,强调教师个体的内在的专业化发展视角的名词"教师专业发展"也得到了欧洲社会的密切关注。1996年,在日内瓦召开了第45届国际教育大会,大会主题定为"加强在变化着的世界中教师之作用",指出提高教师地位的整体策略中,专业化是最有前途的中长期策略。这次大会体现了国际社会对教育改革的必要性和重要性的认识,也被看作是欧洲二语教师专业发展的一个里程碑。

第三,有关二语教育的国际合作进一步加强。在这个时期里,不仅欧洲各国政府机构对于掌握多门欧洲语言的重要性有了深刻认识,在各国境内纷纷着手大力发展二语教育,欧洲的国际组织也在大张旗鼓地推动欧洲二语教育改革,在二语教育领域开展并促成了广泛、深入的合作。这种合作主要体现在两个方面。一方面,开展国际合作教育与培训计划。这是欧洲主要国际组织推动第二语言教育发展的重要内容,各种关于语言教育的计划相继推出,旨在提高公民对欧洲语言文化遗产重要性的认识,支持并鼓励欧洲公民使用并学习欧洲共同体国家的语言,加强语言教育。另一方面,跨国机构和文化教育组织相继出台了各种文件、报告、倡议。比如,经济合作与发展组织仅1989—1992年间就发表了一系列有关教师及教师教育改革的研究报告,如《教师培训》《学校与质量》《今日教师》《教师质量》等。这些研究报告为欧洲二语教师的专业化发展道路不仅提供了参考,还产生了一定的推动作用。

第四,二语教师资格国际认证问题得以发展。除鼓励跨国合作之外,从 80 年代开始,欧洲也在二语教师资格国际认证方面进行了探索。在欧洲特殊历史地理传统与一体化进程的推进影响下,在 20 世纪 80 年代至 90 年代,欧洲二语教师的跨国语言教育资格认证与教师教育国际培训现象已经变得相对普遍。比如一位法国国籍的二语教师,在西班牙获得了教授西班牙语的教学资格认证,随后前往第三国比利时进行西班牙语教学。这种跨国语言教育与教学资格认证现象已较为普遍。换句话说,二语教师的国籍与母语、获得教学资格认证的第二语言种类、目标国家与目标语言这三类重要指标的潜在选项变得极为丰富,排列组合的数量也大大增加,二语教师往往在与其所获教学资格认证语言国家不同的第三方国家进行教学。因此,二语教师具有较强的区域性或国际流动性,这是欧洲二语教师的一个重要特点,也是欧洲在二语教师专业化发展中开辟出的一种独特且先进的前进方向。二语教师的跨国流动必然涉及二语教师资格的跨国认证,基于这个原因,欧洲在增强二语教师流动性,扫除二语教师资格跨国认证的障碍问题上做出了不懈努力。在欧洲,目前有两个基本的法律条约:一个是欧盟与联合国教科文组织合作制定的欧盟地区高等教育机构的资格认证,即《里斯本认证协议》;另一个是欧洲共同体 1988 年 12 月 21 日通过的理事会 89/48 号决议,对在三年以上的高等教育机构中获得的教育文凭进行认证。2000 年,《外语教师流动性行动计划》将丰富外语教师的国外经历、加强外语教师在国外接受教育培训作为重要目标,以提高二语教师的教学质量,促进二语教师的职业发展。

第五,初步建立科学的语言学习、教学与测评标准。20 世纪 80 年代起,在进一步加强多元化语言政策、深化二语教师教育、培养优秀二语师资、提高二语教师教学质量、完善跨国二语教学资格认证的同时,欧洲诸国清醒地认识到,在文化多元化与多语制的教育现状下,建立一个欧洲境内通行的、统一的、科学的语言考试和资格认证标准迫在眉睫。因此,欧洲共同体会同欧洲委员会等组织数十年来为了探索标准化和规范化的外语教育模式不懈奋斗,试图构建科学的欧洲外语教学体系及其评估体系。

1990年,欧洲委员会明确提出,应为语言学习和测试发展制定出一个全面、透明和连续性的欧洲共同框架。1991年,欧洲各国以"欧洲外语教学的透明度与协调性:目标、评估与证书"为主题,再次召开政府间专题会议。瑞士国家科学基金会承担了对这个"共同框架"的语言水平等级进行分级描述和描述语言的实证研究的项目。2001年,《共同框架》正式颁行,这是欧洲理事会组织其成员国的应用语言学和语言教学方面的专家制定的一部在欧洲范围内推行的关于语言政策和语言教育的纲领性文件。该文件于2001年由剑桥大学出版社正式出版发行,截至2003年一共出版了19种语言版本,现今已经风靡全球。该文件受到了欧洲诸国乃至世界范围内二语学习者的青睐,为欧洲二语教育发展提供了教学参考框架与评估模式,也为欧洲的第二语言教师指明了专业化发展的方向。

第六,出现新的二语教师教学评估视角。在教学评估方面,20世纪60年代开始,国外很多国家把教学研究的目的定在学生的学习成绩之上,主要的研究方法是对教师的教学行为与学生学习的测量结果做系统分析。进入80年代,教师自我教学评估体系开始在欧洲各国广泛采用。自80年代以来,教师评价功能发生了本质性的变革,经历了从原来以奖罚为目的,即一种自上而下的模式,转变为以教师未来发展为目的的教师评价模式,即发展性评价。所以,自我评估被纳入教师评价体系之中,进而逐渐发展,二语教师自我评估研究也在这一时期得到了迅速发展。自主学习就是伴随二语教学和研究而产生的,是一个自我计划、自我监控、自我评估的反思过程。语言学家Dam(1995)提出自主学习三个关键要素:(1)撰写日记,记录评估教师的教学发展;(2)提倡小组学习;(3)评估,确定教师是否达到了教学目标。

20世纪90年代末期,二语教师自我评估的研究得到了迅速发展,出现了大量的二语教师自我评估方法。结合自主学习这一概念,教师学习者(即职前教师)也开始受到重视。Bailey et al.(1996)通过调查职前二语教师在教育初始阶段所写的自传,发现自传作业和随后有关自传的讨论确实是促进反思的有力工具。Kaufman(1996)研究了对外英语职前教师,认为评价、反思和探究促进了二语职前教师的专业学习。至此,虽然如反思日志、个人成长记录等自我评估方法都已在教师教育界被使用,教学录像、专家测试量表、教师自制量表、教师自传、教学日志等自我反思的方法也在不断发展,但是在二语教师教育界仍然缺乏一个统一、显著的职前教师自我评估方法。

总之,20 世纪 60 年代中期至 20 世纪 90 年代的几十年时间,是欧洲二语教师专业化发展框架的构建期,分为两个阶段:第一阶段是从 20 世纪 60 年代中期到 70 年代的初步发展阶段,第二阶段是从 20 世纪 80 年代中期到 90 年代的迅猛发展阶段。随着国际化趋势加强,特别是欧洲一体化进程的加快,欧洲各国纷纷对二语教育给予了越来越充分的关注,在不同程度上推动了语言教学发展与改革事业,在二语教育领域开展并促成了相较前一个时期更加广泛而深入的合作。基于欧洲二语教师的流动性,欧洲各国不懈努力,不仅解决了二语教师教学资格跨国认证的障碍,还产生了以教师未来发展为目的的二语教师自我评价模式。尤其重要的是,他们意识到了建立一个欧洲境内通行的、统一的、科学的语言考试和资格认证标准的重要性,由此颁行的《共同框架》不仅为全欧洲语言教学提供了一个共同的理论基础和统一的参考标准,也在欧洲二语教师的专业化发展道路上树立了一个良好的范式。它是语言学习、教学及评估的整体性指导方针与行动纲领,是一个具有划时代意义的纲领性文件。在其诞生之后,欧洲的第二语言教育与二语教师专业发展日益蓬勃兴盛,逐渐走上了专业化、模式化、制度化的道路。

1.3 21 世纪初期至今:飞速发展期

21 世纪初,欧洲社会急剧变化,科学技术迅猛发展。国际化尤其是欧洲一体化进程进一步加深的同时,对欧洲各国的语言、文化、教育提出了严峻挑战,二语教师的专业化发展也愈发重要。20 世纪末,欧洲二语教育改革风起云涌,二语教师发展的理论与实证研究硕果累累。这些都对欧洲二语教师专业化发展产生了积极而深远的影响。2002 年,欧盟教育与文化总署发表了名为《外语教师的培训:欧洲的发展》的官方报告,明确提出要通过为二语教师提供语言共核知识、技能和价值观等方面的培训来提升二语教师教育的质量,促进欧洲二语教师的专业化发展。这一报告构建了欧洲第二语言教师发展的共同理念,指明了其专业化发展的方向。2004年,欧盟教育与文化总署公布了《欧洲语言教师教育纲要参考框架》。这个纲要是2002年《外语教师的培训》报告中所倡导的二语教师发展构想的具体体现,为新入职教师和在职教师的教师教育活动提供了统一的教育基准,以此来提升外语教师教育的实践与创新水平。

进入21世纪的欧洲社会不仅对语言学习者提出了新的挑战,也对欧洲二语教师的教学质量、教学水平提出了新的要求。在新的发展时期,欧盟日渐意识到二语教师素质的高低与教学质量的好坏有着密不可分的关系。2013年7月,为了提高教学质量,培养更多人才,欧盟委员会发布了对于欧盟地区而言至关重要的文件《促进教师专业发展——为了更好的学习成果》,旨在增强二语师资力量,丰富教师专业知识和技能,提高反思性教学的意识和能力,从而促进欧洲二语教师专业化发展。文件对教师专业能力的重要性、发展现状与框架体系,以及应如何协助教师发展其专业能力进行了论述。

同时,欧洲在二语教师自我评估方面取得了两个重要成果:

一是2007年,欧洲理事会下设的欧洲现代语言中心在其语言框架下发布了《欧洲语言教师学习者档案袋》(以下简称《档案袋》)。《档案袋》将理论与实践连接起来,是促进教师专业发展自我评估的工具,是世界语言教学评估史上的重大变革。其在制度性规范与自我规范之间建立联系,兼顾引导性与规范性,有利于培养教师的自主性,能够显著提高二语教师的教学能力。这一新型的教学自我评估体系备受关注,逐步取得了他国学者的认可。

二是2011年,由欧洲委员会资助,包括法国、英国、西班牙、德国等九个国家在内的众多机构联合完成了欧洲语言教师测评网格项目。欧洲语言教师测评网格是一个适合各语种的统一的语言教师测评网格。这是一种以表格形式展示语言教师核心能力的6个发展阶段的测评性工具。该测评网格纵轴包括4个大的范畴:"资质/经验""核心教学能力""横向发展能力""专业化发展"。这4个范畴又由"语言知识与语言能力""教学与课程规划""语言交际能力""职业发展"等13个不同的单项测评内容组成。该测评网格项目是欧洲在二语教师专业发展新时期做出的一项重要尝试。

2019年,欧洲理事会下设的欧洲现代语言中心发布了《教师语言教育能力指南》(以下简称《指南》)。《指南》以欧洲理事会确保优质教育的基本原则和多个欧洲重要语言政策文件为基础,参考了欧美40个针对语言教师或所有学科教师的标准和能力框架,并对相关专家和教师进行大规模调研,最终形成了欧洲教师语言教育能力的共同框架。《指南》作为具有全面性、时代性和领先性的教师语言教育能力指导框架,体现了欧洲现代语言中心的欧洲语言政策先锋者的地位。(王添淼等,2022)

可见,21世纪以来,欧洲的第二语言教师专业化发展之路在专业化、终身化的发展理念方面取得了令人瞩目的成果。

2 欧洲二语教师专业发展理念

欧洲二语教师专业发展理念主要体现在其发展模式之中,包括反思性实践模式和终身学习与发展模式。

2.1 反思性实践模式

20世纪80年代至今,在欧洲二语教师专业发展领域中先后出现了两种取向,即将教师发展视为知识和技能发展的"技术取向"以及将教师发展视为自我理解的"反思取向",或者说两种主要模式,即"能力模式"和"反思性实践模式"。很多学者认为,二语教师要在反思性实践中形成并发展各种能力,必然包括反思能力。同时,也不能把能力过于技术化、理性化,而是要有反思成分在内。只有在反思性实践中,教师才能形成自己的个人理论,或实践中的理论。(石少岩、丁邦平,2007)所以,欧洲二语教师专业发展的理念是一种重"反思"的理念,同时,反思取向下的欧洲二语教师专业发展理念具有明确的工具性价值,是一种非常务实的理念。

正如欧洲教育专家 Geoff Witty 所认为的,教师专业化并不需要在国家控制和专业自治、能力模式和反思性实践模式之间做非此即彼的选择。对于二语教师而言,放弃国家控制并不意味着恢复传统的教师专业化的精英主义传统,而应当发展"民主化的教师专业"。教师应该公开面向民主社会中其他团体的需要,努力澄清有关专业化工作的疑问,建立教师、学生、家长以及社会共同体成员的联盟。在决策日益民主化的当今欧洲社会,二语教育政策的决策不应该为国家或教师职业团体所垄断,而是应该倾听来自学生、家长、用人单位以及社区成员等相关利益群体的声音,经过各方充分协商,共同决策。唯有在这种民主氛围下,二语教师专业化才能健康、持续、良性地发展。(杰夫·维替、刘邦祥,2004)

2.2 终身学习与发展模式

欧洲二语教师的专业发展还受到了欧洲"终身教育""终身学习"重要教育理念的持续影响。欧洲教育学者 Yeaxlee 于 1929 年在他的《终身教育》一书中最早提出了"终身教育"的概念。1965 年,联合国教科文组织在巴黎召开"第三届国际成人教育促进会",Paul Lengrand 在其提交的报告中,正式提出了"终身教育"一词,这也成为后来欧洲"终身学习"理念的滥觞。随后,国际成人教育委员会对此表示认同,并请联合国教科文组织予以支持。在此后的数十年间,终身教育这一理念不仅深刻地影响了欧洲诸国的语言教育,尤其是二语教育的发展之路,更在世界范围内对教育改革与二语教师发展产生了重要影响,逐渐成为了联合国及世界各国指导语言教育改革与发展的基本理念。所以,二语教师的成长与发展应该由职前培养、入职培养和在职培训三部分组成。构建科学的二语教师职前、入职、职后发展体系,关乎二语教育的发展方向。此外,二语教师专业化发展也是欧洲进行终身教育建设的现实需求。

历史上,欧洲大多数国家一直采取政府较少干预的宽松教育政策。所以,在近代以来的世界二语教师专业化发展历程中,欧洲并未从最开始就走在世界前列。第二次世界大战后,随着欧洲一体化进程加快,在加强对二语教学和教师教育的控制和督导方面,以英国、法国、德国为代表的欧洲国家加强了对二语教学和教师教育的督导,二语教育的改革力度大大超乎人们的想象,二语教师专业发展势头迅猛,在专业化途径、能力标准、资格认证等方面均走在了世界前列。欧洲地区在重实践、重成效的第二语言教育思想下,在反思性理念与终身发展理念影响下,通过提高二语教师教学实践能力,提升二语教学质量,推动二语教师群体的专业化发展,以实现建设世界一流语言教育的发展目标。

3 欧洲二语教师专业发展的有效途径

语言问题是欧盟政治经济一体化过程中一个不可忽视的问题,欧盟素来注重对欧洲各民族语言文化多样性的保护,而第二语言教育就是保护语言多样性不可或缺的一环。因此,早在欧洲共同体时期,欧洲共同体及欧洲各国就相继出台了各类政策,提高对二语教师的要求,以使他们适应欧洲一体化背景下第二语言教育发展的要求。到了欧盟时期,欧盟及欧洲各国教育部门更加注重二语教师专业发展的探索和创新,在这个过程中出现了语言教师档案袋等促进二语教师专业发展的科学模式,也逐渐形成了二语教师入职及在职教育培训等机制,并探索了欧洲范围内统一的二语教师教育标准。欧洲坚持不懈的努力探索,成就了其二语教师专业发展的领先地位。下面,我们就四个方面来探讨欧洲二语教师专业发展的有效途径。

3.1 二语教师标准制定的重要性①

二语教师标准的制定和实施为欧洲二语教师专业发展做出了重要贡献。正如前文所述,欧洲从 20 世纪 70 年代末至今都非常关注二语教育相关标准的制定,并在语言标准的基础上,出台了二语教师标准。下面我们将重点梳理和分析颇具代表性和前沿性的《指南》。《指南》是欧洲理事

---

① 本节引用并参考王添森等(2022)。

会下设的欧洲现代语言中心2016—2019年第五个中期计划的重要研究成果,是欧洲教师语言教育能力的共同框架,对全球教师语言教育能力具有重要指导意义。

3.1.1 《指南》总体框架

《指南》构建总体框架的理念来源于以下四方面:首先,符合欧洲理事会确保优质教育的基本原则①,体现语言教育在保障民主、人权和法治中的重要作用;其次,展现对语言交际能力、多语言和多元文化能力以及教育语言能力的重视,以《欧洲语言共同参考框架:学习、教学、评估》(以下简称《共同框架》)及其增补版、《语言文化多元教学法参考框架》、《专业相关语言能力档案袋》为主要参考文件;再次,对各类教学法和研究方法持开放态度,关注以内容和行动为导向、以任务为基础的教学和学习方法;最后,肯定教师在优质语言教育中扮演的重要角色,同时也强调学习者和其他教育利益相关者的角色和作用。

基于上述理念,《指南》设置了8个一级维度(如图1所示)。"专业理念与准则"(维度1)以教师的价值观和态度为主。"语言交际能力"(维度2)和"信息技术能力"(维度3)作为横向维度(Transversal Dimension)②,贯穿于后面4个维度中,凸显了二者在教师能力中的重要地位。"元语言、元话语和元文化能力"(维度4)、"教学能力"(维度5)、"合作能力"(维度6)、"职前教育和专业长期发展的能力"(维度7)关注教师知识、技能与专业发展,与维度2、维度3存在交叉内容。而"专业学习机会"(维度8)下级维度分类和描述方式与上述不同,主要从教师个体和集体两个方面列举了校内校外的专业学习机会。每个维度下又设若干次级维度。

---

① 欧洲理事会确保优质教育的基本原则包括:(1)尊重和推行人权理念;(2)培养社会凝聚力和容纳所有学习者;(3)让每一个学习者在自身学习过程中成为教育利益相关者;(4)从广大的学习者资源中获益;(5)采取基于合作的方法;(6)建立民主文化;(7)采用全球化的语言教学方法。

② 《指南》中对横向维度的界定是能够与其他维度交叉、可包含在其他能力中的维度。

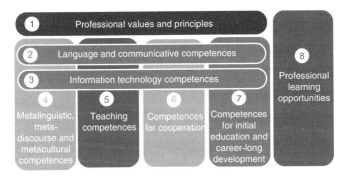

图 1 《指南》整体框架

3.1.2 《指南》的具体内容及特点

《指南》作为欧洲教师语言教育能力的指导文件,为外语教育、语言相关学科、双语教育、内容语言融合教学模式等不同教育情境下的教育决策者和教师提供知识、技能、态度及专业发展的指导性意见。其具体内容主要有以下八个特点:

第一,以"语言是学习的核心"为导向,考虑所有教师语言教育能力的共性。

欧洲现代语言中心提出"语言是学习的核心",应将语言教育拓展至教学语言、方言、少数族裔语言、移民语言的学习及使用方面,不再局限于传统外语课堂的语境。因此,《指南》描述的内容不仅是语言教师应具备的能力,还涉及所有学科教师的语言能力以及他们帮助学习者通过不同科目进行语言学习的能力。《指南》在确定 40 个标准和能力框架时特别选取英国、芬兰、澳大利亚等国的教师标准或教师专业发展能力框架,探究了其涉及语言教育的共同维度。此外,《指南》在维度 4 的第一个次级维度还专门设置"所有教师应具备的元语言、元话语和元文化能力",要求教师理解语言在塑造学科话语中的作用,能够观察并分析与教学相关的语言使用实例、社会文化现象和学科语言等。

第二,培养教师横向能力,以整合知识、技能、态度和专业可持续发展。

欧洲现代语言中心认为语言交际能力是一种横向能力（Transversal Competence）①，在语言和文化日益多样化的社会中发挥着重要作用。而信息技术能力也是近年来各国人才培养重点关注的横向能力。《指南》中横向维度"语言交际能力"分为"语言交际使用的关键部分""跨文化交际能力""整合不同的交际方式"三个方面，涉及口语、书面语、手语②、副语言特征、非语言特征、不同情境下的跨文化交际、非语言或视听手段、多模态信息等多种语言交际形式。该维度在四个交叉维度中对教师学术语言能力、教学与评价能力、语言资源使用能力、合作沟通能力等提出了相应要求。横向维度"信息技术能力"在四个交叉维度中提出了检索并存储与元语言、元话语和元文化现象相关的信息，为学习者提供数字化的学习机会和交流活动，使用适当的信息资源进行合作沟通，在专业学习环境下使用信息资源等方面的要求。上述内容均体现了《指南》在实习、教学、培训、与教育相关利益者沟通等情境下对教师横向能力的强调。

第三，重视语言与文化的关系，关注教师多元文化能力和跨文化交际能力。

《指南》认为语言和文化密不可分，关注教师在语言教学过程中多元文化能力和跨文化交际能力培养。在维度1"专业理念与准则"中，《指南》明确指出教师应增强对语言和文化的理解，了解语言和文化多样性在社会和教育中的价值。维度4"元语言、元话语和元文化能力"对所有教师和语言教师均提出了在多语言和多元文化背景下观察、分析及比较语言和文化的能力，要求教师了解不同社会文化与语言学习、语言使用之间的关系。维度5的第三个次级维度"评价和评估学习者的进步与成就"也要求教师了解在语言教育中学习者语言、文化、跨文化、多语言能力的评

---

① 横向能力，暂时还未有统一的界定，与核心素养、21世纪能力等术语能够互换来描述不同国家和地区的跨课程能力或适应未来全球化、信息化与知识社会的能力，通常包括批判性与创新性思维、人际交往能力、全球公民素养、媒体与信息素养等。

② 手语是欧洲现代语言中心近年来的研究重点之一，继《共同框架》增补版第一次系统地提出了手语能力量表及其评估指标之后，欧洲现代语言中心已着手制定手语使用熟练程度的标准，因此在《指南》框架中也有所体现。

价以及学科教育下语言文化能力的评价。另外,维度7的第一个次级维度"自我语言能力的认识和发展"也提到教师对自身跨文化交际能力发展的了解,要求教师及时了解自己教授的学科和语言的最新发展,足见《指南》对文化及跨文化交际能力的重视。

第四,注重教师学科关联意识,强调教师基于内容的语言教学能力。

内容语言融合教学模式是通过外语来学习学科知识的一种教学模式,倾向于教授学术或职业领域的学科知识,现今几乎被所有欧洲国家纳入教育体系之中(张善鑫、何雪琴,2019)。《指南》在维度4的第二个次级维度专门列出"语言教师基于内容的语言教学能力",要求教师从地理、历史、政治、社会学、心理学、哲学、自然科学、信息技术等方面分析与讨论和语言教学相关的现象。此外,《指南》在维度5至维度7还提到教师应促进学生学术语言发展,能够评价学科教育下学习者的语言文化能力,注重跨课程活动项目中与其他学科教师的沟通等。这些均体现了欧洲目前对教师学科关联意识和基于内容的语言教学能力的重视,教师需将语言知识与学科知识相结合,通过跨学科交流与合作,从不同视角为学习者提供具有学科特点的学习内容。

第五,以课程为核心,促进学习者学习与成长。

课程作为语言教育核心元素,连接着教师和学习者,并主导着教学、学习和评价。《指南》在维度5"教学能力"围绕以课程为核心的理念展开。维度5的第一个次级维度"教学计划和教学准备"包括学习者、学习者需求和课程,教学内容和教学活动;维度5的第二个次级维度"指导教学和管理学习者学习"包括教学过程的开始、进行和结束,运用适合教学环境和学习重点的多种教学法,使用学习过程中所需的内容和资源,学习者管理并开展支架式学习,组织并给予学习者支持,努力实现学习者自主性学习和探究性学习,支持学习者语言发展和课外学习;维度5的第三个次级维度"评估与评价学习者进步与成就"包括形成性评价和总结性评价。总之,教师承担着语言教育规划者的角色,应以学习者为中心,确保教学活动与学习者的能力相匹配。

第六,倡导教师与教育利益相关者合作,多方位支持学习者。

《指南》将维度6"合作能力"单独列为一级维度,极为重视教师在不同情境下与教育利益相关者的合作。《指南》认为教师应与同事、相关工作人员、教育主管部门、教育机构以及家长开展合作,其中还涉及特殊需求专家、调解员、心理学家、护士等特殊情况下的工作人员。该维度还对合作能力进行了细致描述,包括教师沟通交流能力、处理特殊事件能力、拓展合作关系能力等。《指南》在其他维度描述中也多次提到与教育利益相关者的合作,尤其在维度8"专业学习机会"还专门列举了在教师集体中可获得的合作机会,如同行观摩、集体授课、共同评估、社区实践、校际交流、合著论文、参加教师组织等。教师不再是孤立的个体,而是可以与教育利益相关者共同构建合作文化和机制,通过与同事、学校、家长、社区、机构和相关教育部门合作,多方位支持学习者进行语言学习。

第七,重视教师与学习者的权利与情感,体现人文关怀。

《指南》强调语言教育人本主义价值取向,尊重教师和学习者个人发展与自我体验。在维度1"专业理念与准则"中,《指南》要求尊重学习者接受优质教育的权利,重视每个学习者自身语言与文化资源的价值,关注学习者个体对成功的诉求、师生之间的相互尊重和机会平等。在维度5"教学能力"中,《指南》也多次提到考虑学习者需求,给予学习者平等参与、交流思想观点、相互学习的机会。在维度7"职前教育和专业长期发展的能力"中,《指南》还要求教师考虑所有教育利益相关者的幸福感并对其采取适当行动,强调教师通过语言教学增强自身幸福感。

第八,关注教师语言教育能力的动态发展,明确教师专业发展的各类机会。

《指南》在维度7"职前教育和专业长期发展的能力"中对教师"自我语言能力认识和发展"和"语言教育中教学能力发展"进行了阐述。《指南》认为教师应寻找并利用机会发展自己在课堂上所学或所用的语言能力和跨文化交际能力;及时了解自己教授的学科或语言在语言和文化方面的最新发展;反思自己的教学实践,评价其有效性并考虑未来发展的机会;了解语言教育领域的创新,并通过相关领域发展来更新和提高自己的能力。《指南》把教师语言能力和教学能力都视为一个动态发展的系统,教师可以结合维度8"专业学习机会"进行职业生涯规划,明确了不同阶段教师个体或教师集体能够获取的校内外资源和机会。

3.2 建立语言教师档案袋

20世纪80年代以来,欧洲教师评价经历了从以奖罚为目的的教师评价模式到以教师未来发展为目的的教师评价模式的转变,反思日志、个人成长记录、自传作业、自传调查发现等成为教师自我评估的有效工具,教师评价成为了一个自我计划、自我监控、自我评估的反思过程。在此种理念的指导下,欧盟委员会于2004年发布了《欧洲语言教师教育档案袋——参考框架》;2007年,又在此基础上发布了在理念和实操层面更为先进的《档案袋》,是一套促进职前教师专业发展的自我评估体系,但适用范围并不局限于职前教师,《档案袋》评价应贯穿教师专业发展的全过程。本部分对《档案袋》的主要目标、基本理念与框架、特点进行了梳理和分析。

3.2.1 《档案袋》制定的主要目标

《档案袋》在《共同框架》和《欧洲语言教师教育档案袋——参考框架》的指导下,由来自亚美尼亚、澳大利亚、挪威、波兰和英国的教师教育者小组研发,并得到了欧洲现代语言中心所有成员国的教职课程学生与教师教育者的协助,是一份面向刚进入语言教职课程学习者的文件。其开发的主要目标是:

(1)促使学生反思教师应具备的能力以及支撑这些能力的背景知识;

(2)为学生今后在各种教学情境下的专业发展做准备;

(3)促进学生之间的交流和学生与指导教师、导师的交流;

(4)促进学生对自身能力进行自我评价;

(5)帮助学生意识到自己在教学方面的优势和不足;

(6)为制作进度表提供有益的工具;

(7)为讨论学期论文的选题、研究项目提供跳板;

(8)为学生教育实习和与导师的交流提供支持,为导师提供系统性的反馈意见。

Akbari(2007)将这些目的归纳为两个方面:一是增强教师教育项目的透明度;二是鼓励教师教育中的反思模式。

3.2.2 基本理念与框架

《档案袋》由教育环境、方法论、教学资源、课程计划、课程实施、独立学习和学习评价 7 部分构成(如图 2 所示),以欧洲二语教育一以贯之的"can-do"理念为指导,共 195 条"我能(I can)"描述语。《档案袋》强调课堂上教师教学目的语的使用,鼓励多样化的课堂活动,评估学生的参与及表现等,同时也体现出新型评估系统依然是以行动为导向、以完成交际任务为根本宗旨。

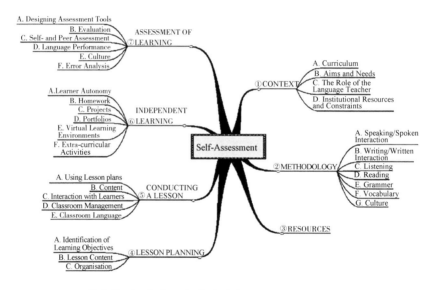

图 2 《档案袋》中"自我评价"部分的内容结构(Newby et al.,2007)

《档案袋》构建体系的主要实践形式是寻找问题与错误,目的是检查学习者的学习情况,从而评定教师的教学能力。目前,《档案袋》已被翻译成多种语言,包括英语、法语、德语、匈牙利语、西班牙语、波兰语、意大利语、立陶宛语、希腊语、克罗地亚语、俄罗斯语、阿拉伯语、罗马尼亚语、日语、波斯语、汉语等,间接地说明了世界各国对《档案袋》的认可度。

此外,《档案袋》中没有任何等级化的自我评估量表,而是在一个长条中涂色,涂色部分与整体的比例均由学生自主决定和完成(如图3所示),是一种开创性的尝试,此种指标体系模式促进了语言教师的发展,展示了自我、实现了自我,满足了教师求真、向上、创新的需要,极大地增强了教师的自信和自尊。

> 在教职课程结束时,学生制作的自我评价表看上去可能是这样的:
> 1. 我能创造一个宽松的氛围让学习者参与口语活动。(来自"自我评价"–"方法论"–"A口语/口语交际"–第1条描述语)
>
> | 6.3.06 | 24.10.06 | 18.1.07 | | |

图3　《档案袋》提供的自我评价范例

在上图示例中,这位学生在她的教职课程中进行了3个阶段的自我评价,记录了自我能力的提升。但该生认为自己仍有进步的空间,因此将部分长条留白。除此之外该生还添加了进行自我评价的日期。(Newby et al.,2007)

3.2.3 《档案袋》的特点①

第一,非量化性自我评价。

《档案袋》没有使用任何等级化量表,长条中也没有被等分为几个小格或标上数字,什么时候涂色、具体涂色部分占总体的多少等均由学生自主决定并完成(如图3所示)。开发者们认为很难将教学能力进行量化评估,将决定权完全赋予学生的做法是一种创造性的尝试。

第二,持续整个教师职业生涯的自我评价。

教师对自身能力的认识和评价可能会发生改变,甚至出现后退的情况。开发小组并不建议学生在教职课程结束时将所有的长条涂满,学生将长条部分留白,以说明自己在这方面仍有进步空间。不断学习如何学习和教学,成长为一名好教师,应当是一个持续终生的过程。《档案袋》的理想使用状态是贯穿整个教师发展阶段,这与终身学习理念相契合。教师应经常回顾自我评价表,对以往和目前的个人发展状况进行反思,并思

---

① 本节引用并参考张寻(2015)。

考当时进行评价的理由以及评价是否恰当。

第三,以档案袋形式呈现的自我评价。

该评价体系整体上是以档案袋形式出现的。除"自我评价"部分外,还有"自我陈述""资料集"等组成部分。其中,"资料集"的基本用途是帮助学生证明其所做或能做的自我评价是基于对实际技能和能力的准确回顾。资料集虽然为教职课程学生所有,但开发者建议学生与教师、导师和同伴共享。档案袋中汇集了方方面面的信息,构成了一个多元化的评价体系。

第四,与反思相结合的自我评价。

"自我评价"部分的最后一页,设计了一个反思表格,要求学习者就具体的某条描述语进行反思,反思时要记录具体描述语的编号和反思日期。该表格把对具体描述语的自我评价和相应的反思相结合,为学生的自我评价提供佐证,进一步推动学生对该描述语相关领域开展深入思考。同时,"资料集"中收集的"反思成果"部分(对语言学习与教学的理论、个人理解的反思)能帮助学生将自身的内部反思可视化,更好地思考自己作为一名教师的成长与进步。

第五,易于评价者理解的自我评价。

开发者们试图让所有描述语都简明易懂,这是教职课程学生进行自我评估的先决条件。对于刚开始教职课程的学生来说,并不一定熟知描述语中的所有专业术语,高年级的学生也难免出现知识体系上的漏洞。对于学生而言,空洞晦涩的描述语容易造成疏离感,间接降低学生进行自我评价的积极性。《档案袋》另附的"术语表"中收录了其中出现的关于语言学习与教学的重要术语及其解释,这是非常人性化的体现。

3.3 二语教师的入职教育[①]

欧洲二语教师专业发展,最具特色和代表性的是其二语教师的入职培训制度。入职培训是促进教师专业发展的重要途径,在一定程度上可

---

① 本节引用并参考王添淼、杨灿(2016)。

缓解新手教师的教学焦虑和挫折感,减少实际工作中出现的各种不适应,帮助新教师顺利完成从职前到职后的过渡。

在欧洲,英国是最早建立新教师入职培训制度的国家,由此确立了一种全新的教师培养模式,填补了教师职前培养和职后进修之间的空白,使教师专业发展真正成为一个连续的、不间断的过程。本部分以英国为例,对教师入职培训制度的产生与确立、实施过程以及主要特点进行梳理与分析。

3.3.1 英国教师入职培训制度的产生与确立

在英国,师资培养一般由高等师范学校负责。在职前教育结束后,学生须达到合格教师资格标准,才能取得合格教师资格。然后,学生进入各级学校参与教学活动并完成入职培训,才能获得成为教师的最低准入资格。英国全国教师协会制定的合格教师授予标准大致包括三大方面:专业的价值观和实践、知识和理解、教学。每个标准还包含许多非常细致严格的具体要求。这些标准的制定旨在促使合格教师达到较高的专业水准,能够在职前教育结束后直接投入教学工作并取得较好的教学效果。

教师入职培训制度是英国的一项国策。1970年,詹姆斯·马丁组织的师范教育和师资培训调查委员会发布了《詹姆斯报告》,首次提出将教师专业发展分为职前教育、入职教育和在职教育三个阶段。1972年,英国政府在《教育:一个扩展的框架》白皮书中明确表示赞同《詹姆斯报告》的观点,提出每位新教师在任职前都应该有一个入门培训。此后英国便开始了对建立教师入职制度的探索和研究。最早应用入职培训制度的是英格兰东部的诺福克郡地方教育局,该教育局从1991年起每年为该地区大约150名新任教师提供为期一年的入职培训。(卢丽华、周明,2008)到1999年,英国教育与技能部颁发了《初任教师的引导期》文件,正式提出在英格兰和威尔士地区建立新任教师入职培训制度,规定英国所有正式教师都必须在职前教育结束后参加大约一年的入职培训。该文件成为英国入职教育发展的一个里程碑,标志着具有英国特色的教育培训制度的正式确立,极大地推动了教师入职教育的规范化和制度化,促进了教师专业水平的提升。

3.3.2 英国教师入职培训制度的实施

(1)培训的参与者

英国教师入职培训制度的具体内容实施由各中小学、新手教师和地方教育局三方联合执行。各地中小学是入职培训制度的主要实施基地,新任教师需要在指定学校完成三个学期(英国一年有三个学期)的入职培训。培训结束后,教师通过地方教育局最后的评估后才能正式开始在公立或私立中小学任教。教育局和学校在入职培训中起到两方面的作用,一是监督和支持新教师的成长,二是评估新教师的专业发展情况。

(2)实施步骤

新任教师入职培训活动具体实施步骤如下(图4):

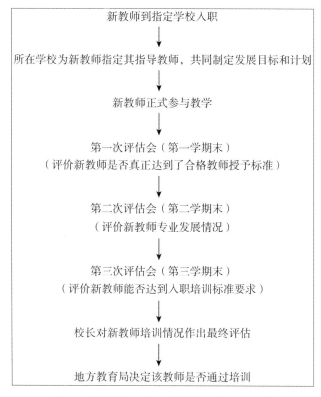

图 4 新任教师入职培训活动具体实施步骤

首先,新任教师在入职培训之初,为了帮助其处理教学或生活中的困难,所在学校的校长会在学校中挑选一位经验丰富的老教师担任新教师的指导教师,对新任教师进行日常的监督和辅导。(姜娜、许明,2002)此种模式类似"师徒制",但指导教师的职责更为明确和具体。指导教师要充分了解新任教师的个人情况,根据其在职前教育中的专业发展情况和专业发展方向,综合其个人潜力、个性等方面的要素,为其制订适合的专业发展目标和计划,并在实际工作中严格监督计划的实施以求达到既定目标。新教师则根据培养计划进行教学实践,在指导教师帮助下使自己逐渐完成教师角色的转换。此外,学校还会密切观察新教师的教学情况并定期进行专业考察。观察新教师的教学情况意在监督其教学质量,帮助其发现教学中的问题并及时进行探讨,促使其进行教学反思。定期进行专业考察则是以召开专业考察会议的形式总结新任教师每一阶段的培训进展,并做出下一步规划。地方教育局则在资金和政策方面为入职培训提供支持。在评估方面,学校将与地方教育局一起对新任教师的表现进行客观全面的评估。一般来说,会基于教学观察情况和专业考察会议情况的需要,进行三次评估会,每一次评估都需要学校校长、指导教师和新任教师本人填写评价表并移交相关专门机构。在一年的培训期结束时,校长对新任教师的培训情况进行最终评估,最后由地方教育当局根据校长所递交的推荐书来决定该教师是否顺利通过入职培训。通过培训的新教师将会得到当局颁发的入职证书,同时也正式获得任教资格。另外,新教师需要严格按照制度规定在相应时间完成每一项培训任务。

3.3.3 英国教师入职制度的主要特点

(1)制度化

经过近50年的发展,英国教师入职培训制度已较为完善,对教师入职的资格、程序,入职培训的模式和各阶段的步骤都有详细规定,每一个新入职的教师和相应的学校及地方教育局均需严格按规定执行。此外,还有完备、先进的配套制度的支持。一是入职与发展档案制度。英国教师培训发展署在对1998年推出的旨在记录新任教师入职培训情况的入职档案制度进行改进的基础上,于2003年推出了入职与发展档案制度。

入职与发展档案制度主要围绕三个时间点建构:新任教师职前教育即将结束时、入职培训开始和入职培训即将结束之时。(余源晶、洪明,2004)入职档案用以详细记录新任教师的专业发展情况,做好从职前到入职再到正式就职的过渡,协助入职培训的进行,使教师专业发展过程真正联结为一个有机整体。二是教师资格认证制度。其为入职培训提供准入门槛,获得合格教师资格证的人才有资格申请入职培训,从源头上提高教师的专业品质。三是校本培训模式制度。英国是最早进行教师校本培训的国家之一。整个校本培训活动由中小学、地方教育局、大学或教师中心三方共同参与、规划与实施。为保证培训的有效性,一般会在中小学培训基地设立专业发展委员会和专业指导教师。专业发展委员会主要起到提供指导性建议、协调和监控的作用。专业指导教师是校本培训中的重要角色,一般为学校副校长兼任,主要任务是处理好新任教师与资深教师、教研组长的关系,以及与校外专家的关系。校本培训模式为参加入职培训的教师提供了充足的实践机会,帮助其应对工作中的挑战。

(2)人性化

培训以新任教师为中心。第一,对于教师群体的关注在入职培训中转为对新任教师个体的关注。根据新任教师个人情况为其制定个性化的发展计划。第二,重视教师在各个环节的参与度。比如学校在对新任教师教学情况进行讨论时,都会鼓励新教师参与,先肯定其优点和取得的成绩,再针对不足之处进行探讨,提出解决方案,力求使讨论在真诚、民主的氛围中进行。第三,保障新任教师的权利。在入职培训中,除了新任教师的责任非常明确以外,各地方教育当局的责任也有详细规定。第四,对教师个人人性化的关怀。以诺丁汉郡为例,学校会在新任教师到校培训之初为新教师举办一个温馨、热烈的欢迎会,帮助新教师熟悉学校环境及生活环境,而在培训结束之时也会为其举办欢送会,祝贺其顺利完成入职培训,新教师可以邀请自己的朋友和家人参加宴会。(陈香琴,2010)这些举措使整个入职培训制度充满人性化的关怀。

(3)注重教学反思

英国新任教师入职培训注重教师在实践中的个人反思,强调教师专业发展的自我责任意识。新任教师有责任在培训中不断发挥主动性,通过每一次观课讨论与评估反思自己的教学活动并及时进行改进,提高教学水平。教师的个人反思也得到相应的制度支持,教师入职制度规定要在培训期间减少新任教师10%的教学时间,使其有时间参与引导活动并反思自己的工作。该制度密切关注新任教师在整个入职培训过程中对自身教学效果、目标及发展计划的反思与改进,要求新任教师在对每一个阶段的教学工作与专业发展情况进行记录后,都要伴有总结性的自我检查。在入职培训即将结束时,新任教师也要对整个入职阶段的情况做一次评估和总结,以对之后的专业发展目标与计划的制订做出指导。

(4) 强调合作的重要性

英国教师入职培训重视合作的作用。合作首先体现在指导教师对新任教师的帮助和指导上。指导教师最初要帮助新任教师制订适合自身特点的专业发展计划与目标,并在之后时刻关注新任教师在教学中的表现和专业发展情况,并适时给予针对性指导和建议,对发展计划做出科学调整。指导教师应指导新任教师完成入职发展档案的填写,遇到困难时也可向指导教师寻求帮助,两人的合作贯穿培训过程的始终。其次体现在与培训学校教师的合作上。新任教师有机会观摩其所在入职培训学校中经验丰富的教师的课堂教学,或与其他教师进行合作,作为教学团队的一名成员完成自己的教学任务。在每学期结束时,新任教师还能与校长和指导教师一起召开评价会,在后者的帮助下对培训情况进行总结和反思。由此可见,实际上为新教师提供帮助的人员不仅是指导教师,还有包括该学校校长在内的全校教师,而新教师也被要求积极接受别人的帮助和引导。

3.4 二语教师的在职教育

师资培训与教师的专业工作能力息息相关。欧洲一直非常重视教师在职教育的发展。31个国家及欧洲执委会于2002年在丹麦哥本哈根签署了《欧洲职业教育部长宣言》,该宣言对合作的层面、原则、成员国和欧洲执委会各自的职责等做出了详细规定,为合作培养教师,开展在职教师专业发展活动奠定了基础。作为合作形式之一,"欧洲职业外语教学在线"联盟通过网络为各成员国的二语教师提供合作式的学习项目。

欧洲各国二语教师在职教育在制度和模式上存在较大差异。这种多样性源于各国对教育质量和作用的不同重视程度,对教师作用和地位的不同认识,对建立专业的教师队伍和良好的教师工作条件的不同重视程度以及各国不同的经济状况等因素。教师在职教育已成为欧洲教师专业发展的重要组成部分。大多数欧洲国家不断增加对教师在职教育的投入,并逐步朝制度化和规范化的方向发展。教师在职教育的目的除了为教师提供专业化训练外,还在于关注教师教学观念的更新、相关技能的培养以及科研意识和能力的提升。(彭伟强、叶维权,2006)

半数欧洲国家将在职教育视为二语教师的义务。二语教师必须在相应时间内接受在职教育。这种强制性计划的时间较短,一般只有几小时或数天。另外一些选择性的教师发展计划时间跨度较长,如英国有长达一年的课程,分为学位课程和证书课程。这些课程更能激发教师的参与热情,有助于提高教师学历和教育科研能力。在职教育的主要组织者是各国高等教育机构,多数国家如德国、西班牙、意大利,建立了专门负责在职教育的机构。此外,在职教育还获得了教师协会、工会、文化和志愿团体或私人组织的支持,包括各国文化部门、欧盟教育计划、跨文化组织及私人基金会等。在形式上,在职教育可以分为全日制、半脱产制和不脱产制。另外,欧洲教育计划(如苏格拉底计划)、跨国组织和大型多边计划为教师在国外参与在职教育提供了便利,比如比利时、瑞典、荷兰、德国给本国在职教师提供1~2周的教师交流;冰岛5年以上教龄的教师可申请2~4个月的带薪国外学习。

3.4.1 鼓励二语教师进行持续的教师专业发展

近年来,欧洲更加清楚地认识到,教师专业素质的高低直接决定着教学质量的好坏。为此,欧盟委员会于2013年7月发布了《促进教师专业发展——为了更好的学习成果》,指出在当今迅速发展的世界中,鼓励教师继续增强他们的专业技能至关重要。尽管本书在上面两小节中分别介绍了欧洲职前、职后教师发展的途径,但并不意味两者是截然分开的,职前教师教育、入职教师教育和在职专业发展三个阶段的割裂是不利于教师专业发展的。所以,欧洲开始倡导教师专业发展一体化。比如《理事会就教师和学校领导专业发展活动开展的决议》指出,教师专业发展涵盖职前教师教育、入职教师教育以及在职专业发展这一连续的过程。二语教师培养已经不再将职前和职后教育割裂开来,而是将这两个阶段视为"3 I"(Initial education,Induction,In-service continuous professional development)连续体。为实现教师专业发展的连续性,部分欧洲国家开始增加教师学习年限,采取一些激励措施,以提高教师专业能力,提高新教师与在职教师的合格率。大多数欧洲国家规定学校有义务根据教师发展的需要制订教师专业发展规划,二语教师也不例外。为了保证教师的参与度,大多数国家把参与持续专业发展活动作为教师的职责或义务。为此,各国出台了相应的激励措施以提高教师的积极性。最常见的措施是将其与职称或职级挂钩,体现教师的持续学习与发展对其职业晋升的重要性。18个国家明确规定,教师持续专业发展与其职称或职级直接相关,另有9国将"没有参与持续专业发展活动的教师无法得到晋升"写入规章。专业发展是语言教师升职的必要条件,也是教师评价的一个重要因素。有些国家对教师持续专业发展的形式和时间也做出详细规定,如葡萄牙规定语言教师必须有累计不少于50个小时的专业发展活动时长才能进行升职申请;斯洛文尼亚有专门的教师持续专业发展等级认证机构,对二语教师的专业发展活动进行官方认证;在匈牙利,在职教师需每7年完成120小时的专业发展培训课程;罗马尼亚相关部门要求每位教师每五年至少获得90个教师专业发展相关学分。上述对教师持续专业发展的规定会进一步随着相关教育法案的更新而不断变化。如瑞典在2010年教育法案中确立新规,所有不符合最新教师资格要求的教师必须参加规定次数的专业培训才能继续任职。

3.4.2 物质奖励与财政支持

为鼓励教师积极参加专业发展活动,已有7个国家给参加专业发展活动的二语教师提供奖金,如西班牙二语教师参加专业发展活动达到国家规定时限,就可获得奖金。此外,有6个国家给参与专业发展活动的二语教师提供一定程度的补贴。西班牙的二语教师可以带薪参与专业发展活动;希腊的二语教师如要攻读硕士或博士研究生,可在申请后获得带薪假期;在意大利,每位二语教师拥有150小时的休假用于获得专业证书,还有5天的带薪休假参与专业发展活动。而有些国家则直接给予参与专业发展活动的二语教师一笔津贴,如希腊,教师参加完专业发展活动后,学校会发放一笔额外津贴。不过并非所有国家都有物质奖励措施,英国、冰岛、挪威、丹麦和德国等国家不对参加专业发展活动的教师提供任何奖励。

所有欧洲国家都为二语教师专业发展提供财政支持,财政支持方式主要有三种:提供免费课程、给学校拨款或者直接报销教师个人费用。为了减轻教师参与专业发展的成本,大多数国家都会提供免费的教师专业发展课程,是二语教师的必修课程。资助专业发展活动的另一种常见方式是给学校提供资金。在英国,政府会根据学校自身需要和发展计划分配资金。在爱尔兰、拉脱维亚、卢森堡、荷兰等国,政府会给予学校聘请专业发展课程教师的费用。另外,已有20个国家明确提出,国家最高教育机构或学校组织的部分专业发展活动的费用由政府承担。

4 欧洲二语教师专业发展的特点与启示

欧洲二语教师专业发展积累了很多科学、成熟的方法与模式,也因其特殊的地域文化和政治背景等特点而具有较强的独特性。通过上文的梳理和分析发现,欧洲各国自上而下地推动与促进、欧洲语言多样性与多元价值观的共荣以及各国教育部门和机构的交流合作,是欧洲二语教师专业发展改革与进步的驱动力,也是其赖以存在和发展的源泉。这些对国际中文教师专业发展也具有一定的启示和借鉴意义。具体而言,包括以下几方面:

4.1 多样性:与多语种的外语教育政策密切相关

经过漫长的历史进程,欧洲的官方语言已增至24种。欧洲《基本人权宪章》第22条指出,欧洲联盟尊重文化、宗教和语言的多样性。进入

21世纪后,欧洲又出台了一系列新政策,包括《2004—2006年语言行动计划》《语言多样性:欧洲财富与共同的义务》等纲领性文件,以及2009年出台的《欧洲教育与培训合作战略框架》和《博洛尼亚宣言》。这些政策表明,欧洲正在以更大的投入和更快的速度积极推动语言多样性,并明确提出对各级学校的外语教育和培训的要求,对欧洲多语言与文化的发展起到了极大的促进作用。二语教育不仅有助于保护欧洲多语言、多文化的传统特性,还可以增进民间的了解与互信,使不同文化群体在保有其独立性的同时和谐共处、相互融合。同时,也使得整个欧洲社会对于二语学习普及和二语教师教育质量的提高有了内在需求。在欧洲一体化过程中,二语教师教育成为其中具有战略意义的关键,被赋予了强烈的国际意识。

4.2 统一性:与欧洲政治经济一体化紧密相关

20世纪末,欧洲一体化进程加速,各国语言、文化、社会经济、宗教信仰、政策等方面的相互理解与协作变得愈发重要,而二语教育是帮助克服这些障碍最有效的工具。欧洲各国对此有深刻的认识,在教育领域开展了广泛的合作,欧洲的国际组织积极推动欧洲二语教师教育的改革,各种机构和组织相继出台各种报告。例如,欧洲理事会于20世纪70年代发布了《欧洲语言学习基本标准》(又称《语言能力量表》);又于20世纪90年代初推出了"苏格拉底计划""伊拉斯谟计划"和"达·芬奇计划"等;还在1995年公布了旨在进一步确立外语教育在构建欧洲一体化进程中所起重要作用的白皮书《教与学——面向学习型社会》;2000年又制定了将外语教育作为总体目标核心之一的《里斯本策略》,强调欧洲公民应具有的外语能力对实现该策略的重要性。欧洲理事会文化合作教育委员会又于2001年发布了《共同框架》。这些标准、文件、框架成为欧洲一体化深入发展的重要文化教育策略,为保障和提高欧洲外语教育水平和质量做出了重大贡献。

4.3 二语教师专业发展的多价值观导向

在数量众多的欧洲二语教育政策文件中,社会和文化价值观的培养、尊重并推动语言和文化的多样性、欧洲公民身份意识的培养等问题一直被重点关注。进入新世纪后,这些价值取向被集中地表现在《共同框架》之中。近年来欧盟和欧洲理事会不断出台教师核心素养和能力框架的相关政策与文件,并日渐达成共识,即一种整体的、动态的、过程取向的教师素养观。(苗学杰、秦妍,2020)该素养是为实现个人、集体和全球性的利益,对信息、数据、知识、技能、价值观、态度等进行互动式调动与使用的发展性能力(冯翠典,2021),强调欧洲应注重培养二语教师的社会和文化价值观,包括尊重差异性、主动参与社会活动及体验不同文化存在的形式。语言教师专业能力的发展以及教学能力的提高也建立在认同前述价值观的基础上。同时,为了实现欧洲教师多元价值观的构建,政策文件中也注重教师社会与情感能力的培养,注重激发教师工作热情,提升教师职业幸福感,从而进一步坚定教师的专业信念。

4.4 重视国家或机构间的合作

为适应欧洲一体化的大环境,二语教师培养的欧洲化趋势愈发明显,愈发重视国家或机构间的合作。欧洲几乎所有的高等教育机构都与其他国家的相关机构建立了密切联系。此种关系体现为欧洲范围内的合作协议以及教育行动计划。这些联系和协作可以促进课程的改革,创造学生和教师交流的机会,也有利于为教师提供国外学习的机会,共同开发二语教师专业发展课程。部分国家还互认教师培养资历,为欧洲二语教师的流动创造了机会。从 20 世纪 80 年代末开始的"伊拉斯谟计划",到 90 年代的"苏格拉底计划"和"达·芬奇计划"都是为了推动欧洲各国高等教育和教师培训领域的合作。欧洲也非常重视跨国合作与交流。例如,在 20 世纪 80 年代末 90 年代初,经济合作与发展组织发布了一系列有关教师教育改革的研究报告,并于 2000 年发布了旨在丰富二语教师国外经历、推动二语教师在国外接受教育培训,以促进二语教师职业发展的《外语教师流动性行动计划》。2003 年,欧盟建议各成员国应该消除妨碍外语教师正常流动的法律和行政阻碍,并制定了《促进语言学习的多样性和语言多元化》的政策。2019 年最新发布的《指南》明确指出:重视师生共同协作,凸显教师引导者与合作者的角色;强调教师与教育利益相关者的合作,构建语言教育各方参与、沟通、合作的共同体,合作范围涵盖整个欧洲。

4.5 入职培训制度的重要性[①]

新任教师入职培训制度已经成为教师专业发展中不可或缺的环节。教师教育的连续性和阶段性特点需要构建集职前培养、入职教育和职后培训为一体的教师专业发展体系。其重要意义主要包括三方面。第一,较好地帮助新手教师克服过渡时期的教学困难和角色转换障碍,促进其专业素养的不断提升。第二,入职培训模式注重教师专业发展,在培训过程中,通过记录个人发展档案、定期进行讨论与评估、运用档案袋评价工具等,促进教师对教学活动的回顾与思考,提高教师的反思意识与能力。第三,"以校为本",在实践与合作中提高新手教师教学水平。校本培训模式指以学校为培训基地,以教学实践为主要内容,注重教师在实践和合作中获得经验积累和技能提升的培训模式。校本模式为新任教师提供了最理想的实践环境,使其有机会将教育理论应用于教育实践中,可充分发挥新任教师的主动性和创造性,帮助其积极应对可能出现的教学问题,在实践中促进自身专业发展。

---

① 本节引用并参考王添淼、杨灿(2016)。

第四章

构建国际中文教师专业发展模式

1 国际中文教师专业发展的历史演进

1.1 中国古代对外汉语教师发展情况

1.1.1 汉魏晋南北朝时期——汉语教师主要以民间个人形式存在

自西汉张骞出使西域,西域各国的商人纷纷来中国做生意,商人之间进行贸易活动时应该已经开始使用汉语进行沟通交流。自东汉永平年间佛教传入中国至南北朝时期,印度和西域的传教僧侣源源不断来到中国。当时除了这些传教僧侣,还有一些留学生被派遣到中国。这些人为了各自不同的目的相聚于当时的中国,不得不学会和学好汉语,因而,这一时期是我国最早的对外汉语教学时期。由于当时特殊的社会历史背景,汉语教师也有相应的特点。当时政府并没有设立专门教授这些外来人员学习汉语的机构,因而也就没有相应的专职对外汉语教师。当时的汉语教师主要由一些著名寺院中的僧侣、在汉语环境下长大的双语人才和译场中的中国助手等三种身份的人员组成。

1.1.2 隋唐宋元时期——制度化、服务化

隋唐宋元时期,中国的政治经济文化得到了空前的繁荣发

展,与世界各地往来频繁,一些外国人对中国文化、先进生产技术及丰富的物产充满了向往,热衷于到中国出使、传教、经商和旅行。而这一系列的交流活动都离不开沟通工具——语言,因而汉语教学的重要性和迫切性日益显著,并且得到了国内外统治者的重视,这一点较之汉魏两晋南北朝有着明显区别。唐、宋、元三大王朝强大的政治势力以及繁荣的民族文化大大推动了这一时期对外汉语教学事业的发展,随之产生了一批官派对外汉语教师,他们分属于各个朝代设立的留学生机构。

(1) 隋唐——官派留学生制度

(2) 宋朝——蕃学的设立

(3) 元朝——蒙古国子学

虽然在这一时期,对外汉语教学受到了国内外统治者的重视,逐渐朝着制度化、服务化方向发展,但是这一时期的对外汉语教学仍然没有独立,而是出于其他目的的需要。当时的汉语学习主要是与经学、史学、哲学、宗教、伦理学等学科结合在一起。宋元之后,贸易活动频繁,汉语教学又服务于经贸活动,所以,这一时期讲授汉语的教师也并非专业讲授汉语,而是为了迎合学习者的需要把汉语作为学习工具讲授给学生。因此,这一时期并没有形成专门化的汉语教师制度,但较之以往,在很大程度上取得了进步。

1.1.3 明清时期——由盛而衰

(1) 明朝——汉语教师比较零散

由于当时的中国人有着根深蒂固的"夷夏大防"的观念,加之明政府将教授外国人汉语视为危害社会的大罪,限制了中国人主动向外国人教授汉语,因而,总的来说,这一时期的对外汉语教师比较零散,不具有组织性。

(2) 清朝——汉语教师赴外任教

清初统治者对天主教的态度比较宽容,有大量传教士和耶稣会士来华,他们为达到各自目的的需要学习汉语,由于当时的社会背景,一些官员或者特使充当了汉语教师这一角色。当时还出现了中国人赴海外教授汉语的现象,如向欧洲君王介绍中国文化的沈福宗,法国汉语教学奠基人黄嘉略以及欧洲早期的中国国情教师——高类思和杨德望。清后期,随着大批外国传教士进入中国,形成了西方人学习汉语的第二个高潮。但是,此时中国社会日益走向封闭,逐步关闭了与外界联系的大门。当时的清政府严禁华人教外国人学习汉语,因此在这种环境下,很少有人敢再教外国人学习汉语,因而这一时期有名可查的充当外国人汉语教师的中国人十分有限。

总的来说,中国古代的对外汉语教师并未呈现出专业化发展的趋势。一直以来,外国人对汉语的学习并不是为了学习汉语本身,而是为了服务于其他目的,加之政府并未将此事看作一项专门的事业去发展,因此难以出现专业化的对外汉语教师。

1.2　中国近代对外汉语教师发展情况

民国时期,战乱频仍,集体性的汉语学习行为较为罕见,相关资料也相对较少。在国内一些对外贸易频繁的城市,汉语学习者并不罕见,但汉语学习并不作为一门学科独立存在,官方或民间机构几乎没有。但有通过民间渠道受聘至外国任教的情况,如老舍、萧乾在英国的汉语教学经历。也有出于个人兴趣来到中国学习的学者,如日本学者仓石武四郎、吉川幸次郎,美国学者费正清等。为了学习汉语,外国传教士及外国汉语学者自发组织编写了一些汉语教科书和词典。由此可见,民国时期的汉语教育和学习活动大多属于个人行为。

然而,当时外国在华教会的汉语教学有了一定的发展。1910年,伦敦会传教士里思建立了华北协和语言学校,1913年在北京正式成立。校长由基督教北京青年会的外籍人士担任,最初为爱德华,后来是裴德士。"1920年,该校为燕京大学的一部分而独立存在。该校除外籍教师外,也聘任中国教师,1921年时有中国教师97人,注册学生总数147人。1925年夏,改为燕京大学华文学校。从创办到1925年,共有24个国家的学生在此学习,毕业学生有1621人,其中美国学生1140人,英国学生323人,158人为其他国别的学生。"(朱勇、郭芳菲,2009)华北协和语言学校成立之初也叫"中国加利福尼亚学院",后更名为"汉语学院"。此时外国人学习汉语大部分是在经验丰富的中国教师指导下进行的,采用当时国际上最先进的以听为主的"直接法"进行教学。

由以上数据可以看出,在中国近代,国内虽然尚未组织专业化的对外汉语教师培训,但外国在华设立的汉语教学组织一定程度上对国内的对外汉语教学及之后的对外汉语教师专业化发展产生了影响。

1946年,燕京大学中文系开设了"外国人汉语"这门课,由本校毕业生任教,但也尚未形成对外汉语教师的专业化发展。

1.3 中国现当代对外汉语教师发展情况

1949年新中国成立,随着我国各项事业的不断发展,综合国力不断提升,国际地位日益提高,中外交流也更加频繁,且趋于正规化,世界各国学习汉语的热情逐年增加,对外汉语教学事业的发展日趋蓬勃,对外汉语教师专业化发展的迫切性也逐渐显现出来。以1978年为界,对外汉语教学的发展分为三个阶段:新中国成立初至20世纪70年代的初创阶段、改革开放初至20世纪90年代的发展阶段、21世纪以来的繁荣阶段。

1.3.1 初创阶段(新中国成立初至20世纪70年代)

初创阶段可以分为三个时期[①]:

(1)初步发展期:新中国成立—1961年

新中国成立,与世界各国友好往来,对外汉语教学事业受到前所未有的重视,取得长足发展。1950年,我国第一个专门从事对外汉语教学的机构"东欧交换生中国语文专修班"在清华大学筹建开班。随后,北京大学外国留学生中国语文专修班、南宁育才学校附属中文专修学校、桂林中国语文专修学校等先后成立,新中国的对外汉语教学事业从无到有,初步确立。(程裕祯,2005)

这一时期也开始了外派汉语教师。1952年,著名语言学家朱德熙等人赴保加利亚教授汉语,开创了新中国向海外派遣汉语教师的先河。自此,中国先后向保加利亚、波兰、罗马尼亚、捷克斯洛伐克、民主德国、匈牙

---

① 本节时期划分和部分数据引用并参考刘珣(2000)。

利、阿尔巴尼亚、朝鲜、蒙古和越南等国家派遣了数十名对外汉语教师。1961年,国家印发《关于选拔中文系在校学生培养出国讲学教师的通知》,从北京大学等11所院校选拔了35名优秀毕业生作为出国储备师资,并陆续派往国外任教。

这一阶段的教学规模比较小,学生和教师数量都比较少,教学机构尚不稳定。但是已经开始培养专门的对外汉语师资。

(2)巩固期:1962—1966年

1962年6月,在北京外国语学院外国留学生办公室的基础上正式成立"外国留学生高等预备学校"(1964年更名为北京语言学院,1996年又更名为北京语言文化大学,2002年校名简化为北京语言大学),以适应对外汉语教学事业不断发展的需要,这是我国第一所以对外汉语为主要任务的高等学校,该校的建立是我国对外汉语教学事业发展的新的里程碑。1964年,在北京语言学院设立"出国汉语师资系",以招收本科生为契机,实现了对外汉语教师的独立培养。1965年,北京语言学院与其他22所大学合作,承担了3000多名越南等国家留学生的汉语预备教育任务。1961—1966年,国家共培训了约223名出国储备汉语教师,并陆续向埃及、马里、柬埔寨、也门和法国等地派出。

在此期间,首支专职对外汉语教师队伍初步建成,这些师资奠定了国际中文教师队伍的基础,不仅推动了国际中文教育事业的发展,更是国际中文教师专业化道路上的重要一环。

(3)恢复期:1972—1977年

由于"文化大革命"的影响,全国的对外汉语教学中断了六七年。直到70年代初,国际形势有了新的发展。随着我国在联合国合法席位的恢复及中外关系正常化,我国的国际地位进一步提高,很多国家要求向我国派遣留学生。这时国内高校已经恢复招生,对外汉语教学也逐渐提上日程。1972年,北京语言学院恢复,1973年开始接收外国留学生。北京大学、复旦大学等各大高校也陆续恢复招生。由于历史原因,这一时期各项教学事业都处于恢复阶段,发展还有许多困难,对外汉语教师的专业化发展尚未正式展开。即便如此,这也是对外汉语教学史上非常重要的时期。

1.3.2 发展阶段（改革开放初至20世纪90年代）

改革开放以后，对外汉语教学的发展成为中国对外开放的标志之一。1983年，北京语言学院作为国内最早从事来华留学生本科学历教育的学院，首先开设了以培养对外汉语教师为目标的对外汉语教学本科专业。同年6月，中国教育学会对外汉语教学研究会成立大会暨第一次学术讨论会在北京召开，专家学者正式提出了"对外汉语教学"的学科名称。随着世界各国汉语教学的进一步开展，派出任教的汉语教师日益增多，1976—1985年，共向37个国家派出教师数百人次。1987年，总计143名汉语教师和汉语教学专家被派往36个国家的69所院校或机构。从1978年到1987年，全国有63所高校恢复接收外国留学生，40所高校成立了专门的对外汉语教学机构，大大促进了对外汉语教师专业化的发展。

1985年，国家教委批准在北京语言学院、北京外国语大学、华东师范大学、上海外国语学院四所高校率先设立对外汉语本科专业。1986年，北京大学和北京语言学院开始培养对外汉语专业的硕士研究生。1989年，国家教委提出对外汉语教学是一项"国家和民族的事业"，学科建设和师资培养受到广泛重视。1992—1995年，北京语言学院从中文系和外语系毕业生中招收了四届对外汉语教学第二学士学位生。1997年，国家教委批准在北京语言文化大学（原北京语言学院）建立全国第一个"对外汉语教学学科教学论"（后改为"课程与教学论"）硕士专业。1998年，为了进一步在汉语作为第二语言教学领域培养具有扎实的中国语言文化基础、较高科研水平的高层次研究型人才，推动对外汉语教育学科创新与发展，北京语言文化大学获准建立了全国第一个带有对外汉语教学方向的"语言学及应用语言学"博士学位点。该博士点的设立，极大地推动了我国对外汉语教学事业，以及汉语和中华文化在世界范围的传播。至此，对外汉语师资培养形成了本科－硕士研究生－博士研究生的完整的学历教育体系。

1.3.3 繁荣阶段（21世纪以来）

21世纪以来，随着我国经济的繁荣，汉语作为与世界沟通的桥梁越来越受到世界各国的重视，全球对汉语师资的需求猛增，要求也不断提高。对外汉语教学作为一项事业被进一步纳入国家对外发展的战略体系,对外汉语教学学科地位逐渐被学术界和教育主管部门认可,国际中文师资培养和建设的重要性日益凸显。

(1)国际中文教育学科的大发展

2006年3月,国务院办公厅转发的《关于加强汉语国际推广工作的若干意见》,从国家战略的高度,阐明了汉语国际推广工作的重要性和紧迫性,提出了加快推动汉语走向世界的指导思想、总体规划和政策措施,把提升学科地位、建立汉语作为第二语言教学的专业学位制度列为重要任务之一。在此基础上,为了适应全球的"汉语热",应对世界范围内汉语教师需求量大增的状况,进一步提高我国汉语国际推广能力,使国际汉语教师能够接受更加全面、专业、系统化、高质量教育,2007年国家新设置了汉语国际教育硕士(以下简称"汉教硕")专业学位。该项目以培养能够胜任汉语作为第二语言教学和传播中华文化的高层次、应用型、复合型专门人才,推动汉语的国际化传播为目标。汉教硕是国家汉办支持高校模式培养新型汉语教学师资计划的一部分,招生对象一般为学士学位获得者,采取指导教师负责制或教师指导与集体培养相结合的方式。课程学习与对外汉语教学实践紧密结合,学生在导师的指导下参加国内或国外的汉语教学或辅助教学工作,以加强教学实践能力的培养。国家成立全国汉教硕专业学位教育指导委员会,负责制定《汉语国际教育硕士专业学位研究生指导性培养方案》和教学大纲,编写或推荐教材和参考用书,加强招生、培养、学位授予和质量评估等各环节的指导、管理与监督。2007年,我国第一批共24所高校进行汉教硕专业学位试点招生。

2018年,为贯彻落实中央全面深化改革领导小组《关于推进孔子学院改革发展的指导意见》精神,根据教育部《奋进之笔——"孔子学院质量提升工程"》的重点工作任务,北京大学等7所院校成为首批招收汉语国际教育方向博士研究生的试点院校。汉语国际教育专业博士(以下简称"专博")旨在培养中外汉语国际教育和中华文化国际传播领域的复合型、职业型高端人才,培养服务孔子学院及国内外该领域教学和管理岗位急需的高端应用型人才。专博的设立在国际中文教育领域具有划时代的意义,国际中文教育领域高端师资人才的培养向前迈出了坚实的一步,标志着国际中文教育事业进入高质量发展阶段。2018年,北京大学、华东师范大学、陕西师范大学、东北师范大学、华中师范大学、南京师范大学、天津师范大学承担了首批招收专博的任务。其中,华东师范大学为支持本校专博试点招生工作,配套2个教育博士专业学位指标。2019年年底,"汉语国际教育"学科更名为"国际中文教育",但汉教硕和专博学位名称暂未调整。

无论是汉教硕的培养还是专博的培养,都是解决中文国际推广师资培养问题的重要举措,不仅可以解决国际中文教育人才培养中存在的问题,也有利于创新人才培养模式,实现人才培养的专门化和职业化。汉教硕和专博的设立也标志着国际中文教育专业成为一门独立的学科,且正在吸引越来越多的学习者投身到国际中文教育的事业中来,这也必将为国际中文教育学科的未来发展培养出一股新生的推动力量。

(2)《国际汉语教师标准》的制定与出台

为了提高国际汉语教师的专业素质和教学水平,培养、培训一大批合格的汉语教师,满足世界各地日益增长的汉语学习需求,国家汉办在2006年启动了《国际汉语教师标准》研发项目。该《标准》成为国际汉语教师培养、培训、考试及认证的标准性文件。2007年10月,国家汉办正式发布《国际汉语教师标准》和《国际汉语能力标准》,首次为海外汉语学习推出教与学的标准。《国际汉语教师标准》(以下称"旧《标准》")是对从事国际汉语教学工作的教师所应具备的知识、能力和素质的全面描述,旨在建立一套完善、科学、规范的教师标准体系,为国际汉语教师的培养、培训、能力评价和资格认证提供依据。标准由5个模块组成,分别为:①语言知识与技能;②文化与交际;③第二语言习得理论与学习策略;④教学方法,包括"汉语教学法""测试与评估""课程、大纲、教材与教辅材料"和"现代教育技术与运用"四个标准;⑤综合素质。该标准借鉴了TESOL等国际第二语言教学和教师研究新成果,吸收了国际汉语教学实践经验,反映了国际汉语教学的特点,对从事国际汉语教学工作的教师所应具备的知识、能力和素质进行了全面描述,建立了一套完善、科学、规范的教师标准体系,为国际汉语教师的培养、培训、能力评价和资格认证提供了可靠依据。

旧《标准》发布以来得到汉语教育界的广泛关注。在此基础上,为了满足汉语国际推广事业蓬勃发展的需要,以及不断提高汉语师资数量和质量,2012 年 12 月,汉办推出新版《国际汉语教师标准》(以下称"新《标准》"),包括 5 个模块:汉语教学基础、汉语教学方法、教学组织与课堂管理、中华文化与跨文化交际、职业道德与专业发展。新《标准》在旧《标准》的基础上,经过凝练、归纳与总结,突出了汉语教学、中华文化传播和跨文化交际三项基本技能,更加注重学科基础、专业意识和职业修养,增强了国际汉语教师培养与培训中的实用性、操作性和有效性。

(3)国际中文教师资格认证考试的发展

1990 年 6 月,国家教育委员会发布了《对外汉语教师资格审定办法》,开始实施对外汉语教师资格证书制度,对对外汉语教师的知识结构、能力结构做出了明确要求。1993 年,中共中央和国务院颁布的《中国教育改革和发展纲要》中提出,要大力加强对外汉语教学工作。1996 年,国家教育委员会又发布了修订后的《〈对外汉语教师资格审定办法〉实施细则》,奠定了国际中文教师资格认证制度的基础。2004 年 8 月,教育部发布了《汉语作为外语教学能力认定办法》(以下简称《办法》),自 2004 年 10 月 1 日起施行,同时废止了 1990 年发布的《对外汉语教师资格审定办法》。该办法适用于认定从事汉语作为外语教学的中国公民和外国公民所应具备的专业知识水平和技能水平,能力证书分初级、中级和高级三类。2005 年,汉办基于《办法》推出了《汉语作为外语教学能力等级标准及考试大纲》,旨在进一步促进对外汉语教师的职业化与专业化。同年,孔子学院总部进行了第一次认证考试,但仅实施了两年便宣布停考。此后,由于官方认证的空白,社会上各种机构陆续推出了十几种国际中文教师认证考试,标准各不相同,缺乏权威性和有效性,难以获得国内外的认可。因此,孔子学院总部于 2014 年 10 月重新开始举行国际汉语教师证书考试(试考)(含笔试和面试),并首次颁发了国际汉语教师证书。国际中文教师资格认证制度的构建为国际中文教师的培养、培训、评估、能力认定和专业发展提供了规范化的指标体系。

(4)海外国际中文师资队伍的建设与培养

2004年11月,全球首家孔子学院在韩国举行揭牌仪式。伴随着孔子学院在全球的发展,国际汉语师资数量持续增长,专业要求不断提高。

第一,国内中文师资的输出。主要包括两方面:

一是国际汉语教师中国志愿者计划。为了促进中文和中国文化在国外的传播,使中华文化和世界其他各国文化有更为深入、全面的沟通,汉办制订了"国际汉语教师中国志愿者计划"。该计划是汉办为适应当前世界汉语教学蓬勃发展的形势需要,利用我国作为母语国汉语人力资源优势而开辟的向世界有需求国家提供汉语师资的新措施之一。2003年,作为试点,汉办向泰国和菲律宾派遣首批志愿者,2004年3月26日开始正式实施。汉办设立"国际汉语教师中国志愿者中心"(简称"志愿者中心"),负责国际汉语教师中国志愿者工作的招募、遴选、培训、派出、签约、咨询、经费支付以及日常管理等具体事务。

二是国家公派教师项目。此项目由汉办具体负责,旨在向国外教育部、大学、中小学等教育单位派出中文教学顾问及中文教师,任期一般为两学年。

第二,针对海外中文教师的培训。主要有以下两种方式:

一是海外中文教师来华研修项目。海外各类学校和教学机构的在职中文教师通过审核后来华进行三四周的培训。各培训院校根据国别、教师类别(小学、中学、大学)、教师能力等级(初级、中级、高级)等制订不同的研修计划。汉办为学员提供在华期间的学费、住宿费等资助。研修结束后,考试合格,颁发汉办统一制作的研修证书。

二是专家组赴海外培训项目。汉办与海外有关机构联合在海外举办中文师资培训班,由国内专家和当地专家共同承担培训任务。培训采取专家授课、专题讲座、案例分析、讨论互动等多种方式。内容包括汉语要素及其教学、汉语教学技能和技巧、汉语作为外语教学理论、第二语言学习理论、中小学汉语教学方法、汉语教材及测试、课堂教学案例分析、网络教学和多媒体教学、中国文化、汉语作为外语教学能力、考试辅导等。根据各国的不同情况和需要,安排两到八周的培训周期。

第三,借助现代教育技术的海外中文师资培训。

根据海外中文师资培训的反馈,目前的培训模式远远不能满足教师的需求,必须寻找效率高、系统性强的新的培训模式来弥补现有模式的不足。同时,随着现代教育技术的发展和"互联网+"时代的到来,远程培训、慕课、微课已逐渐成为新的培训模式。国际中文教育界开始建立全球师资培训网站,开发多媒体培训课件,提供在线培训辅导,通过线上线下、境外境内相结合的方式,大幅度提升了师资培训规模和质量,形成了教师网上培训平台。汉办也开设了专门的网站,发布教师讲课视频,教师得以摆脱地域和时间的限制,根据自己的需要随时下载或观看,提升了教师学习的效率,也使其学习效果更为显著。同时,北京大学、清华大学、北京语言大学、暨南大学等高校也相继开设了国际中文师资培训的慕课和微课。尤其是2020年初,"新冠"疫情开始以后,此种网上授课和师资培训平台被国内外国际中文教育界广泛应用。

综上所述,从古至今,我国的国际中文教育事业一直处于不断发展之中,各个时期由于当时特殊的历史背景,发展各有特色,但总体而言,教师专业发展经历了一个从无到有、从无意识到有意识、从自发到自觉的逐渐发展的过程,并已经进入高质量发展的阶段。

2　国际中文教师专业发展现状[①]

通过前文的叙述,我们发现国际中文教师专业发展已经取得了非常显著的成绩。但与此同时,国际中文教师专业发展过程中的某些问题也不容忽视。

第一,职前师资培养的局限性。近些年,在教育部中外语言交流合作中心的指导下,各高校不断完善国际中文教师职前师资培养体系,不断完善课程构建,但在师资培养过程中仍存在一定局限性。国际中文教师要

---

① 本节引用并参考王添淼(2015a)、王添淼(2010)。

面对不同的学习者,涉及不同的母语背景、不同的文化背景、不同的年龄层次,还要应对不同的语言环境,这就决定了国际中文教学的复杂性、多样性、不确定性和情境性。因此,教师在职前教育过程中所学得的知识是远远不够的,需要在实践中获得和积累新知。

第二,职后师资培训的局限性。主要表现在以下四个方面:

一是培训过程往往是提供一般性的知识、理论,难以符合教师的真实需求和个人风格;二是学员缺少一定的教学实习机会,难以将已有的感性经验上升为理性知识;三是培训的空间和时间有限,即使学员有一定的实践机会,也只是点到为止,难以实现行动、反思、再行动的良性循环过程;四是较少采用启发式教学,缺乏师生互动。可见,国际中文教师培训没能很好地体现以学员为中心的原则,现有的培训大多囿于"专家—教师"这样一种框架,强调专家所传授的知识必须贴近教师的需要,而教师在自我发展过程中的能动作用、强烈的改善现实的需要往往被忽视,教师成了被教育或被训练的对象和被动的知识接受者。

欧美各国的经验也表明,职前师资培养和职后师资培训具有一定的意义,但同时都有不足之处,应将有限的师资培养和培训进一步扩大为教师专业发展。"培养"和"培训"带有很强的"弥补缺陷"的意思,而"发展"一词则意味着所有的教师都必须在其职业生涯中持续终身地学习(Holly,1989),业务素质由被动变为主动并不断提高。

当前国际中文教师职前培养和职后培训主要是把影响国际中文教育的各种因素抽象化和概念化,进行一般规律的探讨。然而,作为一名合格的教师,不仅要掌握本体性知识(专业知识),以及能够促进课堂教学顺利进行的条件性知识(如教育学和心理学知识),还应掌握实践性知识,即关于课堂情境的知识。实践性知识是一种缄默性知识(Tacit Knowledge),这类知识隐含于教学实践过程之中,更多地要与教师自己的思想和行动过程保持一种"共生"关系,它是情境性和个体化的,难以形式化或通过他人的直接讲授而获得,只能在具体的教育实践中发展和完善。因此,教师的实践性知识"存在于人的过去经验之中,存在于当前的大脑和身体之中,存在于未来的计划和行动之中。知识不仅在'大脑中',也在'身体中'、'在我们的实践中'"(曲铁华、冯茁、陈瑞武,2007)。国际中文教育是实践性和情境性的,教师的专业发展不能仅局限于抽象概念的学习,而应是在具体的课堂情境中,在专业不断发展的过程中,关注那些实践性的知识。

国际中文教师专业发展对实践性知识的忽视根源于"技术理性"范式下的教学思维。"'技术理性'推行的是'研究——开发——应用——推广'的模式"(陈向明,2008a),研究者生产知识,教师被动接受知识。在这种模式中,最为核心的问题是"什么样的知识对于教学是必要的"(曲铁华、冯茁、陈瑞武,2007),即教师能够掌握多少知识以及掌握哪些知识是判断其是否为一名合格教师的基本标准。但事实上,在教育实践过程中,教师必须通过各种形式的"反思"以促进自己对于专业活动及相关事物更为深入的"理解",发现其中的"意义",促成所谓以"反思性实践"为追求。(曲铁华、冯茁、陈瑞武,2007)在国际中文教育领域,实践与反思是交织在一起的。

3 国际中文教师专业发展理念

教师专业发展理念主要经历过两种思潮,即教师专业主义(Professionalism)和教师发展主义(Developmentalism)两种思潮。教师专业主义强调教师的专业化,主要是理智取向的教师专业发展,强调教师群体的、外在性的提升。教师发展主义强调教师个体的、内在性的提升,主要是实践—反思的教师专业发展,关注教师实际知道些什么而非什么样的知识对于教学是必要的。教师发展主义一方面突出实践的重要性,另一方面关注促进教师反思的方法和途径。基于对国际中文教师专业发展现状的研究,我们认为国际中文教师专业发展仍停留在"技术理性"层面。随着国际中文教师旧《标准》和新《标准》对"专业发展"和"教师应具备反思意识和能力"的反复强调,以及学界相关研究成果的不断增多,国际中文教师专业发展正逐步从"技术理性"向"反思理性"转变,教师发展主义思潮也逐渐成为国际中文教师专业发展研究的新焦点,更为关注教师本人在专业发展中的能动作用,强调知识传授和实践反思相结合的"自我更新"的不断成长的专业发展历程。

在教师发展主义的指导下,国际中文教师专业发展理念主要包括以下三个特征:

第一,关注人的发展,以教师为中心。

国际中文教育的创新,无论是教学理念与思维模式的改变、教学方法的更新,还是课程教材的编写,以及对教师能力和素养的新要求,这一切都要依赖教师自身的推动与落实。这些创新的实施过程都不是短期行为,而是要与教师专业发展并进,不断学习和完善的过程。因此,在教师专业发展过程中必须关注教师本人在将外在影响因素转化为自身专业发展过程中所起的不可替代的作用,注重其自我专业发展意识的独特作用。

第二,培养教师树立"终身学习"的理念。

"一朝受教,终身受用"的时代已经过去,国际中文教育事业的发展要有完善的职前师资培养和强化性的在职师资教育,同时教育行政机构、学校和教师个人都要培养和树立一种终身学习的理念。(王添淼,2010)国际中文教师教育情境的复杂性也决定了教师应该不断接受新知识和增长自己的专业知能。更何况国际中文教育还是"朝阳事业",教师应具备的知识结构和能力结构,专家们尚未达成共识,课程体系处于建设之中,还有大量的兼职教师问题。应该说师资培养和职后培训都处于不断完善和改革之中。过去的职前师资培养和职后师资培训抱有这样的假设,即教师有了某种知识结构和能力结构就可以将其运用于课堂教学,取得优异的教学效果。但是终身学习理念的构建代表了一种更为宽阔的思想,不仅是教师与学生一起改进实践的途径,而且还意味着在学校中建立一种相互合作的文化,在这一文化中教师之间相互学习与促进的行为受到鼓励和支持。(王添淼,2010)

第三,教师是一个具有自主性的"反思实践者",即能够主动地对自己的价值和与他人的协调实践关系不断进行反思和再评价的人。

一是教学对象的复杂性,教学对象不仅分男女,而且还存在国别、肤色、年龄的巨大差异,文化背景差异性极强;而且学生的来华学习时间有很大差异,有一个月的、六个星期的、两个月的、一学期的、一年的、两年的、四年的,等等。二是要求教师知识面广,教学技能高,教师不仅要具备语言学、教育学、心理学等专业基础知识,还要有文化知识;既要了解中国文化,又要了解异国的文化知识,包括政治、经济、历史、地理方面的基础性知识;要有跨文化交往知识;要懂外语教学基本原理、原则,有外语教学的应用知识(教学目标、课程设置、教材分析与使用、评估测试等),并具备熟练掌握和应用至少一门外语的能力,以及多媒体教学知识。可见,国际中文教师的专业发展具有极强的实践性,切不可纸上谈兵、坐而论道,而要在实践中增长知识和能力,即教师具有敏感性和洞察力,能够及时发现所处情境的教育意义,并能协调诸种可能和现实因素,从而提高自我专业发展的反思意识和能力。专业发展过程是一种对实践持续探究的过程,而非独立于教师自身生活之外的一种过程。国际中文教师是一个具有缄默性知识基础的人,他们拥有大量的实践机会,可以通过反思和验证习得的理论,对自我进行再评价,在不断学习、反思、评价、更新和提高的过程中,从容地面对多样的、复杂的教学情境,解决特定的问题,提升自我的专业素养。

总之,国际中文教师数量的增加固然重要,但也要关注质量的提升,给予教师更多的自主权,确立教师的主体地位,在教育实践中充分发挥教师的自主性,让其通过终身学习,不断扩展专业知能,培养专业品质,成长为一个学习型、反思型、研究型的国际中文教育专家。

4 国际中文教师专业发展模式

专业发展伴随整个教师职业生涯。美国心理学家 Posner 提出,教师成长等于经验加反思。(Posner,2005)不同学科教师的专业发展模式具有不同的特点,专业发展模式的构建主要基于该学科教育实践的特征。

4.1 国际中文教育实践的特征

在"技术理性"的指导下,国际中文教师专业发展的主要模式是技艺模式和应用科学模式。新手教师主要是技艺模式,其他教师更多的是应用科学模式,由第二语言专家为教师专业发展设定发展形式和发展内容,并给出发展效果评价。同时,在前文美国和欧洲二语教师专业发展的历史演变的梳理和分析中,我们不难发现各国二语教师发展都经历了技艺模式和应用科学模式。到了现代,无论是二语教师发展位于最前列的美国,还是二语教师发展较为完善和成熟的欧洲,教师发展模式都转向反思模式。国际中文教育属于二语教育研究的一个领域,与二语教师专业发展理论具有密切关系。我们应积极吸收二语教师研究的相关理论,扩大国际中文教师研究的视野。下文我们将进一步分析国际中文教育的特点,从而构建国际中文教师专业发展模式。

课堂实践是国际中文教师专业发展的重要领域,在教学过程中不断反思,发现问题——研究问题——解决问题。我们如何关注和研究课堂教学实践呢?如前文所述,反思是一种可行的手段。国际中文教师教学实践中的每一个行动均与行动所发生的场域构成相互影响,具有很强的情境性和不确定性。

第一,情境性。国外曾有研究报告显示,教师每小时做出与工作有关的重大决定为30个,在一个有20~40名学生的班级中,师生互动每日达1500次。(Burke,1996)作为一名国际中文教师,除了要承载必要的教学工作量以外,还要教授口语、语法、阅读写作、翻译等不同课型,面对不同水平、不同国家的学生,教师的工作环境具有很强的情境性,很难像技术理性认识论所理解的专业工作者那样,将专业活动设为工具性的问题解决活动,将通则、标准化知识应用到具体的问题上(Schön,1983)。然而,教育情境是独特的、具体的、试探性的,处于不断变化之中,是特定人物在特定时空的产物,这种产物很难直接脱离时空环境推论到别的人或别的时空环境中。国际中文教师为了应用既定理论和技能来解决问题,必须具备可将理论与技能类别和实践情境特性相联结的能力。问题设定和问题解决是实践者持续地与实践情境进行"反思性对话"的过程。

第二,不确定性。国际中文教育的不确定性表现为两方面。一方面是教授对象的不确定性。教学中经常会有这样的现象,同一位教师、同一门课、同一本教材、同样水平的学生、同样的教学方法,对于不同学生个体的教学效果却大相径庭。主要原因在于来自不同国家的中文学习者在文化背景、思维方式、学习风格等方面存在很大差异,因而导致教学方法的不契合,教学质量差异明显。另一方面则表现在教师要能够胜任不同水平的多种课型,尤其是现在,国际中文教育已经进入"中文+"的时代,教师不仅要能够教授不同中文水平的学生,还要具备教授"中文+商务""中文+中医""中文+旅游""中文+工程"的知识和能力。并且这些知识的传授要以学生的需求为中心,形成师生互动、生生互动。因而限于理论知识的学习是远远不够的,真正的教学要发生在教师、学生、学科的三角关系中,同时,这三个点在持续地转换着。

国际中文教育实践的情境性和不确定性等特点,说明教师不仅要知道"教学是什么""教师应该怎么做"等抽象问题,还要知道"我此时此地如何教"等情境性问题。Schön 指出实践情境具有流动性、复杂性、价值冲突性,专业人员的行动无法根据既定的原理与技术进行,而是要不断框定问题情境,在情境的互动过程中发展出解决问题的途径;实践不是理论的应用,而是实践者借助实践性知识与实践情境开展"反思性对话";实践者不是工具性的问题解决者,而是复杂情境中能动的探究者。(Schön,1983)

4.2 以反思模式为主,技艺和应用科学模式为辅的专业发展模式

国际中文教育情境的特殊性决定了教师专业发展应该以反思模式为主。反思对国际中文教师的意义主要体现在两方面。首先,反思本身就具有目的意义。反思是主动性的,正是在反思中,教师体会到自我的价值与地位,从而驱使自我寻找教学环境中出现的各种问题。在此过程中,教师的能动性与主体性得以彰显。其次,反思具有工具意义。借助反思,教师深入挖掘各种问题形成的原因并采取策略。反思自己的教学实践进而发现问题,乃是改进教学的前提条件。所以,国际中文教师专业发展模式是"反思模式+技艺模式+应用科学模式"三位一体的模式,反思模式为主,技艺模式和应用科学模式为辅。专家型教师对新手教师为应用科学模式,督导教师(熟手教师)对新手教师为技艺模式,但都应该以反思模式

为主。此处的"为主"包括两层含义:一方面,无论专家型教师、熟手还是新手教师都应该进行反思,成为反思性实践者;另一方面,无论是应用科学模式还是技艺模式应用的过程中都应该进行反思,如专家通过实证研究提出的某种新的教学法。专家型教师、熟手教师、新手教师都应具有一种批判反思意识,根据不同教育情境采用不同的方法,并不存在一种放之四海而皆准的教学法。同样,技艺模式中新手教师模仿督导授课,督导教师全面指导新手教学,在此过程中新手教师也需具有一种批判反思意识,百分之百的模仿和听从督导教师未必能取得优异的教学效果。所以,此模式最外圈说明反思模式不仅是国际中文教师专业发展的主要模式,且贯穿于教育实践的整个过程,包括教育实践前对实践的各种可能性的反思(Calderhead & Gates,2003)、实践中的反思、教育实践后对实践的反思,从而形成促进教师发展的良性循环。如图1所示:

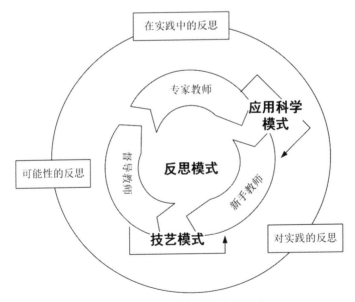

图1 国际汉语教师专业发展模式

我们尝试以简化的形式来勾勒反思模式指导下国际中文教师专业发展所经历的最基本的循环框架。如图2所示:

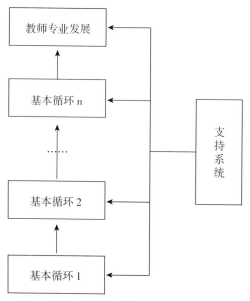

图 2　国际中文教师专业发展的基本循环

经过教师对教学活动自觉的反思,形成专业发展的小循环之后,教师的专业知识、专业能力、专业信念中的某些方面发生变化,链接在一起的许多小循环会使教师的内在专业结构产生变化并趋于完善,最终使教师获得专业发展。而在这一过程中,会遇到一些障碍,所以还需要系统的支持。这样就构成了教师专业发展的一般模型。如图 3 所示:

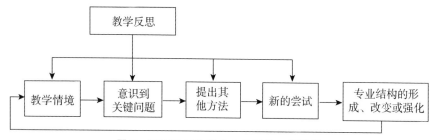

图 3　国际中文教师专业发展的一般模型

4.3　国际中文教师专业发展反思模式基本特点

教师在前述基于反思的专业发展一般模型中扮演更主动的角色。以往的教师专业发展计划都由教师以外的行政人员或专家制订,教师在这样的方案中比较被动。而基于反思的教师专业发展模型以教师主动参与教学反思为载体来实现教师的专业发展,教师就不再是被动地接受培训。教师可通过反思,使教学参与更为主动,逐步实现自己教学实践的合理化,也可制订适合自己的专业发展目标、计划,通过教学反思,将目标和计划付诸实施。教师成为自身专业发展的主人。

第一,重视教师的已有经验。

教师的专业发展带有明显的个人特征。它不是一个把现成的某种专业知识或教育教学理论学会之后应用于教育实践的简单过程,而是蕴涵了将一般理论个性化,与具体的应用场景相适应,并与个人的个性特征(情感、知识、观念、价值观等)相融合的过程。但实际上,在很多情况下,教师总是被看作教育理论知识的消费者,因而把教师的创造性知识排除在教学知识之外,对教师的教育研究能力和成果普遍缺乏尊重,忽略了教师自身的教学专长与智慧。基于教学反思的教学专业发展模型就特别强调教师的已有经验,认为只有教师自己对教学活动进行反思才能把一般的教育教学"理论知识"与教师个人的"实践性知识"加以整合。

第二,扎根于教师的日常教学实践中。

书本知识是不能自动转化为实践的,且这些知识未必符合教师们的实际需要。基于教学反思的教师专业发展模型扎根于教师的日常教学实践中,是一种在实际教学中进行的发展模型。教师对日常教学实践进行反思,而且有专家和合作教师的现场指导,来解决实践过程中出现的问题,这样就避免了一些理论知识不能运用到实践中去的问题。

第三,以实现教师的专业发展为目的。

我们提倡进行教学反思,但不是为了反思而反思,而是为了通过教学反思获得内在专业结构上的不断改进,并把这种不断改进看作是最大的成就,成为继续努力追求专业结构改进的动力,保持发展的势头。这个新模型是以教学反思为载体,目标是促进教师的专业发展,使教师更好地进行教育教学实践。

第五章

反思模式下国际中文教师专业发展的具体路径

本章在借鉴美国和欧洲二语教师专业发展模式的有利经验,以及国内外学术界有关反思模式指导下二语教师专业发展路径的基础上,主要探讨国际中文教师专业发展的具体路径。主要分为两部分:第一部分包括第一节国际中文教师资格认证制度和第二节国际中文教师档案袋评价制度,这两种路径都是基于政府和管理部门层面的专业发展路径;第二部分是剩余几节,该部分是基于教师主观能动性的、自主的专业发展路径,主要包括撰写反思日志、反思性教学、微格教学、行动研究、叙事研究、教师专业共同体等。

1 国际中文教师资格认证制度[①]

职业资格是对从事某种职业所具备的素质、知识、能力和技术的基本要求。对外汉语教师职业资格制度是对对外汉语教师实行的特定职业资格认定的一项法定职业许可制度,是国家对从事对外汉语教育事业人员的知识、能力、素质等基本条件及身份的规定。汉办为了提高教师素质,保证教学质量,

---

[①] 本节引用并参考王添淼、史洪阳(2016)。

1991年开始进行对外汉语教师资格审查工作。1993年国家开展对外汉语教师资格认证考试,但受教学规模等客观条件的限制,该认证并未产生太大影响。为了进一步完善对外汉语教师资格审定工作,审查委员会决定在1994年暂停对外汉语教师资格考试,继续讨论修改《〈对外汉语教师资格审定办法〉实施细则》。(侯颖,2012)1996年,国家语委根据审查委员会对师资队伍的调查情况重新发布《实施细则》。1997年,新一届审查委员会再次暂停对外汉语教师资格考试,对《审定办法》中的某些规定条款进行调整。1998年,国家教育委员会颁布《国家对外汉语教师资格考试大纲》,对资格考试的内容做了相关规定,考试逐步进入正轨。2004年,教育部颁布《汉语作为外语教学能力认定办法》,对《汉语作为外语教学能力证书》的取得途径做了一些规定。从"教师资格审定"转变为"教师能力认定",体现了国家对教师专业能力的关注。2005年,汉办首次进行了"汉语作为外语教学能力考试",免试工作同时进行。《对外汉语教师资格证》废止,代之以《汉语作为外语教学能力证书(高级)》。2006年,汉语作为外语教学能力认定委员会办公室发布通知,汉语作为外语教学能力考试及认定工作将在标准、内容和形式等方面进行调整。2006年和2007年,该考试停止。2014年资格认证考试重新开始,教育部在全国12个考点举办了国际汉语教师证书考试(试考),分为笔试和面试两部分。值得注意的是,为了适应新的变化,新考试的考试对象将母语非汉语者纳入范围之中,规定外国公民汉语水平相当于HSK六级者同样有资格参加考试。2015年,正式考试全面铺开,考试前有相关培训。这使更多有汉语教学理想的优秀人才有机会从事对外汉语教学事业,进一步增加了汉语师资储备。2016年国际汉语教师证书考试基本延续2015年的考试模式。

通过这个发展过程,我们不难发现国际中文教师资格认证考试对教师专业发展和中文国际推广是非常有必要的,并已取得了显著成就,但是,还有一些方面需要不断完善。

我们通过第二章和第三章对美国和欧洲二语教师资格认证制度的梳理和分析,发现美国和欧洲的二语教师资格认证制度在经历了几十年的探索后已经形成了覆盖教师整个职业生涯的较为科学和完善的体系,在实际应用中也受到教师、用人单位和社会的广泛认可,并已成为促进教师专业发展和语言教育质量提高的关键因素。

语言教学已经进入"后方法时代"(the Post-Methods Era),更为强调语言教师批判反思能力和自主发展意识的提高,其理论和实践研究也日益受到国际中文教育界的重视。他山之石,可以攻玉。美国是世界上最早关注现代教师资格认证制度的国家。我们对美国二语教师资格认证制度的兴起与发展,资格认证制度的框架、实施办法和特点,进行了深入探究,并提出构建国际汉语教师资格认证的有效策略,旨在为完善国际中文教师资格认证制度提供理论与制度借鉴,也为未来国际中文教师资格认证考试同国外先进的语言教师认证接轨,并最终为世界性的中文教师资格认证考试提供案例参考。

1.1　美国二语教师资格认证制度的兴起与发展

20世纪50年代,由于冷战时期的国防需求,美国政府开始把外语教育列入教育发展重点关注的领域。1955年,美国外语计划委员会制定的《美国中学现代外语教师资格》分初、中、高三个等级对美国中学外语教师的语言能力进行了界定,成为美国二语教师资格认证标准的雏形。1966年,美国外语教师协会出版了美国二语教师教育及认证的第一份纲领性文件——《现代外国语教师教育计划指南》,这份文件标志着二语教师的培养和发展开始作为专门的学科受到学者们的关注。20世纪80年代,美国外语教师协会发表了《外语教师教育临时计划指南》,文件从前瞻的视角指出未来的外语教师在知识、技能和实践经验等方面应做哪些必要的专业准备(贾爱武,2006)。90年代,美国教育考试服务中心开发的Praxis系列考试中的世界语言科目考试成为美国各州通用的二语教师入职测试项目。进入新世纪,为了配合《21世纪美国外语学习标准》,美国外语教师委员会制定了《美国外语教师协会外语教师准备计划标准》,这一标准也是现阶段美国各级教育管理机构培养与认证外语教师的主要指导标准。几十年来,美国二语教师资格认证制度基于不同时期的标准不断改革与发展,并在美国联邦政府的协调和美国全国教师教育评估委员会、美国教育考试服务中心等专业机构的不懈努力下趋于稳定、统一和专业化。

1.2　美国二语教师资格认证制度的制度框架与实施办法

美国是一个联邦制国家，各州拥有制定本州教育政策的权力，因此二语教师资格认证的权力属于各州教育行政主管机构。美国的教师资格认证制度经历了从地方主导到政府牵头再到专业团体加入的过程。历史上，各州分别制定认证考试标准使得美国的教师资格认证缺乏统一性，这既影响了标准的权威性，也妨碍了教师资源的州际流动。在教师专业化运动的影响下，为了克服教师资格认证缺乏统一性的弊端，美国建立了专门的州际组织对各州的教师认证标准进行协调。教师资格认证的权力现在仍由州政府掌握，但各州开始选择采用全国性测试的成绩作为教师资格认证以及颁发教师资格证书的主要依据。在统一的标准化考试的基础上，各州又附加以实践、学历等标准对教师进行认证。虽然各州在标准化考试外的教师资格认证条件上存在差异，对不同专业教师的资格认证制度也有所不同，但是美国各州的教师资格认证考试在标准和理念上是一致的。与此同时，20世纪60年代以来，寻求建立全国性教师资格认证制度成为美国教师专业发展的新趋势，美国国家专业教学标准委员会为全美国的职后二语教师提供权威的优秀教师资格认证。各专业团体研发的测试和各州制定的具体认证制度实质上共同构成了美国教师职前、入职与职后认证的体系。全美教师教育认证委员会主要承担教师教育认证标准的制定和认证工作，对教师职前培养和专业发展的评价指标和标准负责；新教师评估与支持州际联盟开发了新教师评价标准，并积极在美国各州进行推广，从而主导了美国新教师入职阶段评价标准的制定和实施，美国各州的二语教师资格认证大都是对该标准的实践；美国国家专业教学标准委员会负责教师资格认证标准的制定和教师资格的认证工作，起到了对美国在职教师质量的检验和保障作用。

在这一体系的框架下，各州教育行政主管部门可以公正有效地对教师资格进行认证。从整个资格认证制度来看，入职教师的资格认证是美国教师资格认证最重要的一环。在美国,要成为一名持证教师的首要条件是至少拥有一个学士学位,一些州近年来开始提高学历限制,需要初任教师拥有硕士学位。有些州还要求申请者修够等同于一般学士的学分以及其他限定学分。申请者在拥有学士学位、无犯罪记录基础上,才有资格参加第一阶段的州级教师资格认证。几乎每一个州都需要申请者提供 Praxis I 系列测试及格以上的成绩作为对申请者知识和能力的基本考察。在提交申请并通过 Praxis I 考试后,通过审核的申请者可以获得初任教师证书,很多州称之为实习教师证书。这类证书的有效期因各州法律而有所不同,但一般最多不会超过 5 年。申请者想要成为一名二语教师还需要参加 Praxis II 考试中对应的语言项目并取得不低于及格的成绩,才可以申请相关语言的教师资格认证。持有实习教师证书的二语教师必须在证书有效期内参加下一阶段的以教学档案袋为主要形式的实际教学评价等资格认证,才能获得专业认证,该资格证书也被很多州称为合格教师证(秦立霞,2008)。因为美国基本上已经取消了终身教师证书,所以合格教师证也只是多级教师认证的一部分,大多数州的合格教师证都要求持证者至少每 10 年参加一次重新审定。对于大多数教师聘用单位来说合格教师证只是教师证明自己达到任教最低标准的证明,而教师如果想在薪资和职位上获得进一步提升,就需要教师在合格教师证的基础上获得更高级别的资格认证。比如,申请美国国家专业教学标准委员会的优秀教师资格证书,还有最近兴起的,为了区分教师不同专业发展阶段的,由美国优质教师证书委员会认证的教学证书通行证和熟练教师证书。

　　具体到一名教授汉语的外国教师在美国获得教师资格认证,其制度规定和一般的美国二语教师相似,以路易斯安那州和犹他州为例,申请者需要具有与汉语教学相关的学士学位。但是美国许多州对于外国来的教师在本国完成的学业仅仅是部分认同,申请者需要到专门机构对其所完成学业的学科进行学科鉴定,通过鉴定即可把该门课程转换为美国同类科目的学分。这两个州需要申请者参加上文提及的 Praxis I 测试以及 Praxis II 测试中编号为 5665 的科目——世界语言(普通话)专项科目测试,测试合格后申请者才有机会获得教师资格认证。而汉语教师的多级认证和其他语种二语教师的认证模式基本相同。美国国家专业教学标准委员会针对外语教师的优秀教师资格认证同样适用于汉语教师。另外一些州的认证制度有专门的汉语教师测试,例如密歇根州教师资格证书测试中编号为 101 的汉语(普通话)专项测试,在这些州申请者只有通过了专项测试才能获得汉语教师资格认证。

1.3　美国二语教师资格认证制度的启示

美国二语教师资格认证制度的发展受到美国近现代教育理念发展和变迁的深刻影响,美国二语教师资格认证制度的发展完善正是美国教师专业发展理念日趋成熟的体现。该制度的发展过程、制度框架和实施办法,对我们构建国际中文教师资格认证制度具有重要的借鉴意义。

1.3.1　构建规范化、专业化、统一的教师资格认证制度

在美国二语教师资格认证制度建立初期,各州在是否认证、如何认证、怎样考试等问题上都存在着很大的分歧,因此一度出现二语教师不仅在不同的州任教需要多次参加考试多次申请认证,而且即使是在州内也需要参加同一学科不同名目的各类考试的情况。在联邦政府和各相关专业组织的努力下,统一的、标准化的考试逐渐成为二语教师资格认证制度的主流,二语教师专业发展拥有了更大的空间和更充裕的时间。二语教师的社会形象也逐渐由技艺型向着专业型发展,更多地受到美国各界的认可与尊重。现代美国的二语教师认证制度虽然呈现统一考试分别认证的局面,但美国国家专业教学标准委员会的全国性优秀教师认证制度为全国 50 个州所承认,加上新教师评估与支持州际联盟这类州际认证标准协调组织的活跃,更体现了各州间不仅认证测试统一,而且认证模式与标准也趋于统一。然而,国际中文教师资格认证对于什么样的人是一名合格的国际中文教师并不像其他行业一样有着明确的界定与规范。这一现象不仅伤害了国际中文教师专业发展的积极性和主动性,也给用人单位聘用教师带来困难,容易在社会上形成国际中文教师非专业化的印象,很不利于国际中文教育事业的可持续发展。构建标准规范、流程专业、全国乃至全球统一的国际中文教师资格认证制度刻不容缓。

1.3.2 重视教师综合能力和学历背景的考察

与传统的教师不同,国际中文教师作为促进中国与世界沟通的桥梁和窗口,需要具备更加国际化的思维与技能,从美国的二语教师认证制度中可以更多地接触到其他国家的中文教师培养模式和从业要求,进而更好地建设国际中文教师资格认证制度,适应国际化的竞争。美国二语教师资格认证制度中,虽然专业知识的考察依然集中在目的语语用知识和能力上,但是从初任教师认证开始就不仅要进行标准化考试,还要考察申请者的教学实践能力和教学绩效。此外,美国的二语教师资格认证制度和中文教师资格认证制度的初任教师认证阶段都有数学的考察,尽管这类考察难度不高,但仍反映出对非任教科目知识和基本逻辑思维能力的关注。国际中文教师教学对象和教学环境的多样性与复杂性,以及对海外优秀中文师资人才的大量需求,都决定了教师应该具备更强的综合能力。再者,在教师专业发展思潮最为盛行的美国,尽管社会各界认为教师的绩效和专业发展能力是最重要的,但依然对教师的最低学历有严格的要求,二语教师一般被要求拥有相关专业硕士以上学位或至少修够同等的学分(秦志宁,2013)。目前,有些国际中文教师专业背景复杂,有的是理工科背景,仅仅学习过一些并不系统的中文知识和教育学知识,没有相关专业学习的经历。所以,在国际中文教师的教育和认证制度中应加入对相关专业学历或同等学分的要求,比如修够语言学、教育学、心理学等专业的一定学分。此种方式不仅可以满足国际上对中文教师学历的要求,也可以加强国际中文教师资格认证制度的专业化,从而保证教师水平的提高。

1.3.3 通过资格认证制度提高国际中文教师专业发展与反思能力

美国二语教师资格认证制度的多级认证制度促进了教师的专业成长,Burke(1987)指出教师专业发展这个概念的基本假设是教师需要持续地发展,多级证书意味着取得教师资格证书并不是教师个人发展的结束,教师必须将实践与反思结合以获得在教学理念与教学实践上的进步,而多级证书则成为衡量教师是否实现这些进步的重要外部标准。

首先,教师的反思有助于教师修正其教学的内容与方式,取得教学表现上的进步。(Posner,1989)国际中文教育作为一门有很强实践性的学科,与反思有着天然的密切关系,成为"反思性实践者"是国际汉语教师专业发展的一个必然要求(王添淼,2010)。

其次,美国中文教师资格认证制度中的教学档案袋在促进教师专业发展中的效果也得到了相关研究的支持(Labaree,1992)。美国国家专业教学标准委员会的档案袋评估需要申请者提交包括学生样本、师生课堂互动及教师在课堂外与家庭、社区或同事共同活动中取得的成果,以考察教师教学设计、培养学生跨文化交际能力和确保所有学生参与的能力。

完善的教师资格认证制度的作用不仅在于选拔合格的教学人才,促进教学质量的提升,更在于为教师专业发展提供可参考的标准。如Perry(1980)所述,教师专业发展意味着教师已经成长为一个超出技能的范围具有艺术化的表现的人,一个把工作提升为专业的人,把专业知能转化为权威的人。但教师专业发展和教师水平能力的提升,从来都不是一个能够速成的过程。我国的教师培养模式特别是语言教师的培养模式受到传统教育教学思想的影响,囿于知识和技能的教授与培训,认为教师掌握了这些专业知识和教学技能就可以成为一名合格或是优秀的汉语教师,忽视了教师的主观能动性和对实践性知识的积累,对教师的终身学习和可持续发展没有给予足够的重视。在对美国国家专业教学标准委员会申请者的访谈中,75%的被调查者认为认证活动改变了他们与学生之间互动的方式(Galluzzo,2005)。可见,美国二语教师多级认证制度已经成为帮助教师个人发展的有效路径,二语教师职业生涯已经被视为一个超出技能范围的职业发展历程。

1.4 构建国际中文教师资格认证制度的途径与方法

构建规范化、专业化、统一的,能够促进国际中文教师反思和专业发展的资格认证制度具有多种途径和方法。通过对美国二语教师资格认证制度的研究,我们认为以下几方面尤其值得重视。

1.4.1 专业团体的加入增强教师资格认证制度的专业性

国际中文教育界专业团体和专业人员参与教师资格认证制度的建设和资格考核能够更多地关注教师专业素质和能力的提高,并可进一步谋求教师地位的提升。正如美国国家专业教学标准委员会作为美国最著名的非官方优秀教师资格认证组织,已成立 20 余年,在美国各州设有认证中心。认证中心对申请者进行包括学历、任教时间、基本资格证书在内的资格审查,并通过档案袋评估和语言知识及能力测评对优秀二语教师(包括中文教师)进行审核认证,已经获得 50 个州 500 多个学区的政策支持。现阶段的国际中文教师资格认证考试由教育部中外语言交流合作中心(简称"语合中心")主导,在我国现有的教育制度下,很难实现资格认证考试完全由非官方或者半官方性质的专业团体主导或负责。而美国二语教师资格认证制度的历史经验表明,专业团体的参与对于保证教师资格认证制度的专业性与客观性有非常重要的意义。在整个评估过程中,申请者从专业团体得到的考试说明和相关培训都有助于新手二语教师掌握有效的专业发展路径和反思模式。专业团体的参与也有助于改善认证制度行政色彩较浓厚和执行过程中标准和实践脱节的缺陷。因此,国际中文教师资格认证制度在语合中心管理和协调的基础上,应该保持相对的学术独立性,可以邀请相关的专家学者成立专门的顾问委员会。这种制约性与独立性的统一可以保证认证制度具有公正性、客观性和权威性。

1.4.2 利用综合化的认证方式凸显教师教学实践与绩效的重要性

国际中文教师资格认证制度不能只是单纯的知识测验,而是需要更多地关注教师的教学实践与绩效。我们在考查国际中文教师资格申请者时可采取标准化考试与评估相结合的方式。由于计算机在中文教学中的普遍应用,标准化考试可以包括计算机考试和纸笔考试等形式。材料评估可以效仿美国二语教师资格认证的评估方式,采用包括教师档案袋、实践技能测试、现场考察和调查等多种方式来考查教师在教学中的实际情况和实际教学能力。尤其是档案袋评价方式具有长时间搜集评价证据、多方同步参与的优点。档案袋评价方式已经被美国二语教师资格认证制度,以及欧洲许多国家教师资格认证制度所采用。教师档案袋的建立过程是教师对已有经验进行系统化整理的过程,是对自己成长的记录过程,也是教师对自身教育教学进行反思的过程。(王添淼,2010)以美国国家专业教学标准委员会认证制度为例,档案袋评估和水平测试在总成绩中所占的比例为60%和40%,充分体现了对教师实践和绩效的重视。综合化的认证方式能够更好地考察申请者将知识技能应用于教学实践的能力,增强申请者的专业发展意识和能力,也可大大提高国际中文教师资格认证制度的可信度。不仅是教师自己,而且学生及学生家长,以及社会舆论,都会充分相信通过资格认证的教师更为优秀。

1.4.3 建立多级认证制度促进教师师资数量和质量的提高

多级化阶梯型的认证制度能够促进国际中文教育事业的进步与发展。多级化阶梯型的教师认证制度还可以与教师的绩效工资和教师评聘等相结合,进一步调动教师追求自身专业发展的积极性,这样也有助于尽快培养出一批在专业上和教学上都有着很高水平的专家型教师,并吸引更多优秀人才加入国际中文教师队伍。为了弥补国内外中文师资的不足,在多级化的国际中文教师资格认证制度的基础上还可采取更加灵活的类似美国的选择性教师资格认证制度,即用一套相对宽松的认证制度对有一定工作经验的人提供短期性质的教师资格认证或者应急教师资格认证,降低海外某些国家或地区国际中文教师的入职门槛,解决一些地区师资力量不足的问题。所以,多级认证制度不仅能从质量上优化教师队伍,也可以保证师资力量的充足,从数量上壮大教师队伍。在考核内容的选择上,由于国际中文教师资格认证制度同美国的二语教师资格认证制度不同,教师前往任教的地区遍布全球而不仅仅是一个国家,可以参考美国二语教师资格认证制度中针对教授不同语言的教师的考核方法,将具有国别特色与跨文化要求的考核内容以模块化的形式加入国际中文教师资格认证制度中,使之更好地适应不同任教国家与地区的现状及当地现有的教师资格认证制度。

1.4.4 采取非终身制鼓励教师反思与终身学习

"一考定终身"与教师专业发展秉持的持续发展、终身发展的理念是相违背的,以阶段化的证书和鼓励性的优秀教师、专家型教师的认证取代终身制的资格证书是国际中文教师资格认证制度未来的发展方向。比如,每种资格证书都有规定的有效期,如果在有效期内没有通过换证评估就不再是合格的教师。非终身制可以解决获得终身证书的教师不再追求个人专业发展的问题,有效推动各个阶段教师树立专业发展的意识。国际中文教师资格认证不再是一劳永逸的最终考核,而是伴随教师专业发展历程的指导与鞭策。阶段化的资格认证为教师的反思提供一个可参考的目标,帮助教师树立终身学习的理念和发展方向。教师的角色已从扁平的职业轨道以及个人、保守和实时主义所支配的观点,转变到对教育目标做阶梯性的发展与集体追求上来。(Lieberman & Miller,1999)

2 国际中文教师档案袋评价制度①

不论是美国还是欧洲都已建立起非常完善的二语教师档案袋评价制度,而且此种制度不仅包括职后教师,而且包括职前教师,职前教师在学校培养过程中也要进行反思式档案袋自我评价。然而,反观国际中文教师的职前培养和职后培训,以及专业发展全过程,都还未构建档案袋评价制度。档案袋评价制度既是反思模式下国际中文教师专业发展的有效路径,也是国际中文教师教育和专业发展与世界接轨的必由之路。本节将对国际中文教师评价体系现状与问题、教师档案袋与教师档案袋评价的内涵、欧美教师档案袋评价制度的特点、构建国际中文教师档案袋评价制度的有效策略进行深入探究。

2.1 国际中文教师评价体系的现状与问题

构建一个完善的教师评价体系是促进教师发展的有效保障。国家汉办已经意识到了教师选拔和评估的重要性,2007年向海内外颁布了《国际汉语教师标准》,2012年又对旧版进行了修订,颁布了新版《国际汉语教师标准》。2014年国家恢复了国际汉语教师证书考试,2015年又在考试中增加了面试环节,以进一步考察申请者的教师潜质,弥补传统纸笔测试的不足。这次面试"试水"显示汉办在完善教师选拔与测评的征程中迈出了重要的一步,但仍旧没有将教师日常教学能力和成果的展示纳入到

---

① 本节引用并参考王添淼、林楠(2016)。

评价体系中来,难以全面测评出教师的"软性"素质。具体而言,目前国际中文教师评价体系存在以下三个问题。一是评价目的单一,重结果,轻过程,期望通过终结性评价对教师进行选拔和评优,对教师的专业化发展重视不够。二是评价标准单一,缺乏具有可操作性的评价实施方案。新《标准》的颁布的确为教师教育提供了一个宏观而全面的框架。但是,该标准对国际汉语教师需要具备的知识、能力和素养的描写过于平均用力,相关规定缺乏层次性。(李泉,2012)同时,标准的目的更像是塑造一名"全能的"教师,如此过高的要求势必会影响教师培养与评价的效果。三是学校管理者和教师的地位并不平等,教师是教学评价的被动接受者,缺乏反思的意识和手段,主动性不能发挥。比如,在汉教硕和新手教师的教学实习中,指导教师通过写评语的方式对实习学生或新手教师的教学、工作态度等方面的表现进行点评,主观性较大,实习教师完全处于被动地位。国际中文教师教育存在的这些问题导致了教师专业发展自主性不足,这也大大制约了教师自身的专业化发展,更加制约了国际中文教育事业和学科的进步。

如前文所述,美国和欧洲在经历了几十年教师专业发展之后,已形成了较为完备的二语教师资格认证制度,并受到社会各界的广泛认可。教师档案袋是该制度中重要的评价工具。教师档案袋这一发展性评价工具突破了传统评价模式的弊端,能够动态而真实地反映教师的教学过程,并让教师反思自身的教学行为,参与到评价之中,是美国二语教师评价体系的重要组成部分。教师档案袋是具有强烈个性化特征的评价工具,它集量化评价和质化评价于一体,更具有真实性和科学性。(刘冬梅,2005)国际中文教育事业的发展目前正需要这样的评价工具来完善教师的管理和专业化发展,弥补我国传统教师评价的不足,更加真实地测评出教师的实践性知识,尤其是教师的内在情感和态度。因此,我们认为,关注和研究教师档案袋评价制度对国际中文教师和国际中文教育的发展颇有裨益。

2.2 教师档案袋与教师档案袋评价的内涵

教师档案袋是将教师的教学经验外显化的最佳方式。教师档案袋评价的独特之处在于,它集合了诊断性评价、形成性评价和终结性评价,评价的主体包括教师自身、同行和专家群体,是一种非常值得借鉴的评价方式。

2.2.1 教师档案袋的内涵

国内外学者从不同角度对教师档案袋进行了界定。美国国家教学专业标准委员会网站对该名词的定义是:教师档案袋用来捕捉教师在现场和真实环境中的教学情况,从而使评价者能够检测出教师将知识和理论转化成实践的过程。(高旭阳,2006)美国学者 Campbell 等认为,教师档案袋是一个有组织的、目标驱动的、个体在复杂的学习和教学活动中表现出来的作品编集。档案袋不但是一个作品编集,更是一个正在成长着的专业人员所拥有的大量知识、技能和性向的有形证据。并且,档案袋作品记录是自我选择的、反思性的,体现着个性特征和自主性。(Campbell et al.,2001)国内学者王斌华(2005)则认为,教师档案袋通过开放的多层面的评价,让教师充分感受自己进步的过程、特点、经验教训,是提高教师反思能力,促进教师专业发展的一种成长记录册。从以上国内外比较认可的教师档案袋的定义中,我们可以归纳出以下几点:第一,教师是档案袋的主体,教师依据一定的标准对档案袋的内容进行选择,这也决定了教师档案袋是各具特色、有差异性的;第二,教师档案袋是教师进行回顾与反思的有效工具,具有评价功能和价值判断功能,有利于教师实现专业发展。

2.2.2 教师档案袋评价的内涵

档案袋评价是当前教育实践中应用十分广泛的一种发展性评价。教师档案袋评价是以教师按照一定的评价标准和自身特点所收集的系统信息资料为介质,通过整合自评和他评来促进教师主动参与、积极反思和教师自身持续发展的质性评价方式,它的终极目的是促进教师专业发展。(黄淑艳,2010)因此,教师档案袋评价不同于传统的量化评价制度,首先,它通过收集教师日常的教学材料、反思日志和学生作品,展示出教师的教学过程;其次,通过学生、同行教师、教学管理者、校外人员的评价和反馈,真实地再现教师的职业道德、终身学习能力和创新能力。这些都是传统的量化教学评价所无法反映的内容。教师档案袋所提供的充分的证据和资料,使教师专业化评价更为全面和真实。

2.3 美国教师档案袋评价的发展过程与特点

美国政府非常重视教师的专业化发展,并且为学科教师制订相关的资格标准等政策方面所表现的整体性、详细性、严谨性和先进性,在世界范围内都居领先地位。(贾爱武,2006)美国教师档案袋评价体系已较为成熟与完善,并已得到其他国家和地区的广泛认可。

2.3.1 美国教师档案袋评价的发展过程

美国建立教师档案袋评价制度,主要是基于以下两方面原因。第一是教师教育理念的改变。19世纪70年代出现的能力本位的教师培养计划用选择题进行教师的专业知识和教学知识的考查,甚至还广泛应用于国家教师考试之中。但实践证明,很多教学能力是无法通过选择题测出来的。同时,教师评价受传统思想制约,主要重视测评教师在一段时间内的工作效果,一般在学期或学年末对教师进行总体评价,评价结果将决定教师的奖惩、评级等。这种指令性、单向性的评价将所有教师用一把尺子、一套标准来衡量,忽视了教师的个体的差异性和真实想法,难以真实反映出教师的教学反思能力,不利于教师的长远发展。因此,我们应该树立一种将教育、教学的质量保证与教师的专业发展和素质提高结合起来的发展性评价理念。传统评级模式的弊端与新的评价理念的产生促使人们探索新的教师评价方法。20世纪80年代末,美国斯坦福大学教师评价项目组的Barton和Collins进行了新的尝试。他们首次将档案袋评价应用于教育领域,并开启了教师评价的新途径。此后,教师档案袋的开发与研制工作逐渐展开。第二是教师评价改革运动促成了教师档案袋评价的产生。1983年,美国教育优异委员会通过了《国家在危急中:教育改革势在必行》的报告,提出要改进师资培养模式,使教师成为受人尊敬的职业,这一报告标志着教师评价改革运动的开始。1986年,卡内基教育与经济论坛的报告《准备就绪的国家:21世纪的教师》,建议建立美国国家教师专业标准委员会。该组织在美国教师评价方面具有重要作用,并且运用教师档案袋作为教师评价的手段。1996年,全美教学与美国未来发展委员会发布了《什么最重要:为美国未来而教》报告,该报告体现出了美国教育界为了实现教育目标而做的努力,即通过一系列方式,招聘、培训、指导和奖励美国所有学校中的优秀教师,以优化教育质量。(马海涛,2003)以上三个报告掀起了美国教育改革的热潮,并逐步确立了教师档案袋评价制度的重要地位。

2.3.2 美国教师档案袋评价的特点

第一,美国教师档案袋评价的主体性契合了教师专业化发展理念的主体性需求。

美国教师档案袋的构建理念强调教师本人是档案袋的主人,构建档案袋是教师自己的事,它将影响教师自己的发展,因此该方法注重教师的自觉性和主动性,充分调动了教师的自主创新意识。(魏志春、季磊,2007)一方面,教学档案袋的内容能够直接反映教师个体的教学经验,其中包含的材料来自教师的日常教学,在构建档案袋的过程中,教师需要主动思考教学情境、实施过程以及要达到的教学效果,极大地发挥了教师的主观能动性。档案袋也要充分展示教师自身的能力和以往教学的成果,这都关乎教师今后的职业发展,这种"以人为本"的理念能够充分调动教师的积极性和热情。美国教师档案袋评价的独特之处在于它是以教师的自评为主,通过分析档案袋所包含的内容,提高教师的自我反思能力,从而进一步提升教学质量。另一方面,教师档案袋的构建过程是教师进行自我监控、自我评估的过程,选取的都是能够证明自身教学实力、反映最优成绩的材料,因此这也是促进做好自身发展规划,终身学习的动力。

教师既是档案袋的创建者,也是档案袋的评估者,这极大地增强了教师的主人翁意识和自我效能感,彰显了教师的专业发展自主性。

第二,档案袋评价的真实性展示了教师专业化发展的外部情境和内部需求。

一名教师是否具备优秀教师的素质,只有在真实的、动态的、长期的教学环境之下才能表现出来。(蓝曦,2013)因此,教学评价者需要结合真实的教学情境和教学事件才能做出正确的评价。档案袋评价的真实性体现在两方面。首先,评价者可以看到某一教师在某一段时间教学工作的过程及教学真实情境,如教师的知识技能背景、课堂教学情境、学生的水平与进步情况等。如果仅仅用统一的标准来评价教师的教学,忽略当时的教学状况,就很难客观地判断教师采取的教学策略是否得当,教学设计是否合理。而教学档案袋通过对教学的多角度、多层次的反映,使评价者可以全面地了解教师的教学情况,做出相对客观的评价。教师档案袋中可以放置多种材料,比如英语教师申请档案袋中应该包括学生作业、课堂实录、申请者的成就记录三类内容,这些内容可以反映出教师将教育学知识转化为实际教学的程度。(蓝曦,2013)其次,教师档案袋能够反映教师的真实需求和内在效能。传统的量化评价缺少对教师内心需求的关注,而教学档案袋中包含着教师在教学过程中的实时思考、瞬间迸发的教学灵感,以及自己真实的心路历程。教学评价者通过教学档案袋能够准确地把握教师的内心情感动态,使评价更为客观,更具人文关怀气息。

第三,档案袋评价的多元性保证了教师专业化发展的全面性和层级性。

美国教师档案袋评价与传统的"管理主义倾向"的自上而下的评价模式不同,它具有多元性的特点。(张民选,1995)首先,评价主体具有多元性。传统的评价体系主要以教学管理者评价和同行评价为主,教师无法发出自己的声音。而教师档案袋给了教师一个自我表达的机会,教师通过精心制作档案袋,向评价者展示自己的教学成果和自己的成长历程,证明自身的语言教学实力。这样,传统的教师评价就转变成教师、同行、教学管理者共同参与的活动。其次,评价内容具有多元性。根据档案袋评价的基本框架,教师可以在档案袋中收录展示日常教学工作的一系列材料,包括学生作业、教师教学录像、教师教案、反思日志、他人评价以及教师认为应该收录的其他材料,从专业知识、教师效能、情感态度、具体的教学行为等诸多方面进行详尽记录,成为一部生动的"教师成长日记"。另外,评价维度具有多元性。档案袋评价不局限于基础知识和教学技能的测评,更重要的是"以人为本",关注教师对自身职业和对所在学校、所教学生的情感,注重教师内驱力的评价。

第四,档案袋评价的反思性印证了教师专业发展的最终目的。

近年来,反思性教学受到教育领域极力推崇。它是指"教学主体借助行动研究不断探究与解决自身和教学目的以及教学工具等方面问题,将'学会教学'与'学会学习'统一起来,努力提升教学实践合理性,使自己成为学者型教师的过程"(熊川武,2002)。反思这一行为是主动的,教师在这一过程中能够体认自我价值,寻找并解决教学过程中的问题,在这个过程中,教师的能动性与主体性得以体现。教学档案袋本身就是具有反思性的工具,它通过记录教师的教学足迹,帮助教师回顾、研究和反思自己的教学行为,修正不足,不断发展自身的专业知识和技能,形成独特的教学理念,逐步由新手教师向学习型、研究型和反思型教师迈进。以档案袋的形式记录整个过程,呈现给评价者,不仅可以较为全面地阐述自己的实践过程、进行自我评价,而且可以在专家评价时为自己辩护。因此,教师不再是教书匠,而是主动掌控自身发展的研究者。

2.4 构建国际中文教师档案袋评价体系的有效路径

通过对美国教师档案袋评价制度的回顾与分析,以及对国际中文教师评价体系的现状与存在问题的探究,我们不难看出,教师档案袋已经成为美国教师评价制度中的重要工具,并成功地为教师提供了深入反思自身教学实践、实现专业化发展的重要途径。我们可以根据中国的国情和国际中文教师教育现状,借鉴美国教师档案袋评价的优点,突破传统国际中文教师评价方法的限制,增强国际中文教师评价的真实性和全面性以及国际中文教师的专业自主性,从而建立一套更为完善的国际中文教师评价体系,使国际中文教师教育真正与国际接轨,更好地适应国内外中文教育的需求。构建国际中文教师档案袋评价体系的有效路径包括以下几方面:

2.4.1 树立正确的教师评价理念,突出教师在评价中的主体地位

不论是国际中文教师资格认证,还是用人单位招聘,抑或是教师评估,大局限于量化纸笔测评和面试测评,评价的全面性、真实性和客观性

仍显不足。评价主体也局限于教学管理者、同行教师和学生，教师的自我评价非常少，主观能动性受到抑制。自上而下的评价忽视了教师自我实现的需要，不利于国家汉语教师教育持续健康发展。实际上，教学是一个需要不断反思与调整的过程，通过了解教学评价的反馈，教师可以发现自己教学中的优势和不足，从而不断提升与创造，把握自身职业的发展方向。教师档案袋正是教师进行自我监控、自我反思、自我评价的载体。在美国教师档案袋的构建和评价过程中，教师始终是主人，教师的自我评价也被放在了突出的位置。教师档案袋是教师教学智慧的结晶，而不只是进行评优、奖惩的工具。这充分重视了教师作为"教学者"和"研究者"的双重身份，而非囿于被管理和被控制的等级框架之中。所以，为了建立国际中文教师档案袋评价体系，我们首先要树立正确的评价理念，尊重教师，发挥其主观能动性，使其成为评价体系中的主体。

2.4.2 档案袋内容与评价应以规范的、统一的、专业的教师评价标准为基础

制定评价标准是建立教师档案袋评价体系的关键环节。以美国教师档案袋为例，其中一类就是按照一定的专业标准进行创建的档案袋。教师在搜集档案袋证据时，必须要明确所要达到的各项专业标准是什么，从而更有针对性地设计档案袋的内容。可供参考的标准有很多，例如美国国家教师专业标准委员会是负责全美在职教师的专业发展机构，专门对优秀教师的知识能力进行评价，它制定了优秀教师的知识、能力和性向方面的五项核心标准，并由此延伸出教师应具备的四类知识，各州和各教师教育项目要据此制定各自的档案袋开发和评价的基本依据。在此标准之下，美国国家教师专业标准委员会要求教师档案袋应包含学生习作、教师教学的课堂实录以及反映申请者教学能力的成就记录这三大类材料。此外，申请者还要上交一份说明性材料，对档案中包含的每一个教学实践记录进行描述、分析与反思。（蓝曦，2013）另外，档案的具体要求也会因学科的不同而有所区别。虽然我国的旧《标准》和新《标准》还不够成熟，但基本总结出了教师应该具备的知识和能力，为教师培养、培训、资格认证与评估提供了依据。在建立国际中文教师档案袋时，我们可以参考《标

准》提出的模块和具体要求。比如,《标准》提出了中外文化比较与跨文化交际能力,指明国际中文教育就是一种跨文化交往的过程,因此教师可在档案袋中放置自己文化教学或者处理课堂文化冲突的视频、教学日志,或者相关研究性材料。

2.4.3 树立发展性教师评价观,使档案袋成为伴随教师终身的长期性考察工具

国际中文教师是一门具有专业化倾向的职业,需要在日常工作中反思自身的教学不足之处。(王添淼,2010)传统的终结性评价体系已经不适合新时期国际中文教师教育的革新与发展。因此,建立发展性教师评价观将是今后国际中文教师专业化发展的新趋势。发展性教师评价是一种形成性评价,它强调的是对教师教学过程的评价,注重对教师的动态监控,既关注教师现有的教学水平,也关注教师教学水平逐步提高的过程。教师档案袋评价所关注的正是教师长远的发展,以及由此带来的更为优化的教学效果。如前文所述,国际中文教育具有极强的实践性、复杂性和多变性。因此,要对教师进行客观合理的评价,就更需要动态了解教师的教学进步。同时,这也说明国际中文教师仅仅拥有理论知识和教学技巧是不够的,还需要在漫长的职业生涯中积累教学中的"实践性知识"(陈向明,2008a)。"一朝受教,终身受用"的时代已经过去,国际中文教师更要树立终身学习的理念,在实践中去磨练、去反思、去成长,逐渐形成自己的教学风格,使教学达到专业化境界。所以,我们建议利用教师成长档案袋这一载体,建立伴随终身的教师评价体制。

2.4.4 建立以专家为主的教师档案袋评价团队

由于地方分权和学术自治的传统,美国在教师培养和质量保障方面起关键作用的主要是州政府和全国性的专业团体。(林凯华、孙曼丽,2011)美国国家教师专业标准委员会就是以教师为主体的非政府组织,主要提供全美优秀教师资格的认证服务,并颁发优秀教师资格证书。美国国家教师专业标准委员会主要采取同行评价机制(秦立霞,2008),委员会的每一位成员首先要接受严格的训练与考核,之后他们以前文提到的五个核心理念为标准,给档案袋的每一部分评分。档案袋采用加权评分方

式,将"原始分数"和"权重"相乘得出最后的评分结果。档案袋评价的分数在所有考核项目中比重最大。最后,申请者还会拿到一份委员会提供的反馈报告(拿到最高等级分数的申请者除外),这份报告会明确指出档案袋的不足之处,以帮助申请者实现更大的进步。国际中文教师档案袋评价体系的建立同样应该以专家团队为主,建立专家团队能够更好地凸显评价的专业性。目前,同行评价是国际中文教师评价体系所缺少的部分。因此,我们需要建立同行评价机制,建立国际中文教师档案袋评价团队。团队需要由已经经历过档案袋评价培训且具有丰富教学经验、扎实理论功底的专家组成,从而更好地指出档案袋的不足,帮助教师实现专业化发展。

2.4.5 注重考察国际中文教师实践与反思能力

实践与反思能力对于国际中文教师专业发展而言尤为重要。国际中文教师档案袋评价也应该注重考查教师的实践与反思能力。教师档案袋的内容切不可空泛,可通过教学计划,教学情境的照片、录像,同事和学生的访谈等体现教师在教学认知、教学技能方面的真实表现。在反思能力的考察方面,建立档案袋的过程就是反思的过程,是教师作为"旁观者",运用批判思维审视自己的教师之路,深入洞察自己专业成长经验的过程。在档案袋评价过程中,我们可以通过一些具体的问题来考察教师的反思能力,比如,教师制作档案袋所依据的教育理念和标准、档案袋所包含材料的取舍原则、档案袋需要改进的地方等。

2.4.6 教育管理机构的行政与资金支持

美国教师档案袋评价体系,很大程度上是专业团体和社会机构在经过社会验证之后,得到普遍认可而建立和推广起来的。国际中文教师档案袋评价体系的建立需要语合中心和各地院校的大力支持与倡导,自上而下地推动档案袋评价的实施。比如,将教师档案袋评价作为教师考核和国际中文教师资格认证的一部分。通过资金投入,建立国际中文教师电子档案袋专业网站,专门为教师提供档案袋制作平台和模块化的档案袋产品,如美国国家教师专业标准委员会网站设有"档案袋制作指南",确保档案袋的格式统一,保证评分的公平性。教师可在网站上提交已建档案袋,寻求专家的指导和帮助。教师也可以在网站上进行网络档案袋评价。此外,教育管理机构需要提供档案袋评价的技术支持,并进行宣传推广,对评审专家和参评教师进行培训,组织专门人员进行审定、保存和研究国际中文教师的档案袋资源。

3 反思日志[①]

3.1 反思日志的内涵

反思日志是在职教师或职前教师对于教学事件的书面反馈,记录着教师专业发展过程中的成功与失败。教师通过对自己的教育观念、行为进行回忆和反思,努力去挖掘思想深处的成因,去追问个体思想、行为产生的背景,从而使反思的内容超越现象或是行为控制的局限。文档的建立过程是教师对已有经验进行系统化整理的过程,是对自己成长的记录过程,也是教师对自身教育教学进行反思的过程。(王添淼,2010)反思日志包括两种方式:书面日志和音频日志。

3.2 反思日志的撰写步骤

撰写反思日志包括以下步骤:

第一,定期撰写日志。比如一周一到两次,或者如果有可能的话,每天一次。教师可以在课后用五到十分钟写下来或者录下来。

第二,定期回顾。主要是帮助教师回顾在记录时容易被忽略的事实。回顾日志时,可以问自己一些问题,如作为老师我应该做什么,我教学的原则和信念是什么,为什么我要这么教,我的课堂中学生的角色是什么样的,我的教学风格需要转变吗等。

3.3 反思日志的内容

具体而言,反思日志主要包括两方面的问题:与课堂教学相关的问题

[①] 本节引用并参考杰克·克罗夫特、理查兹、查尔斯·洛克哈特著,王添淼译(2017)。

以及语言教师需要自我反思的问题。

3.3.1 与课堂教学相关的问题

第一,与教学相关的问题:

(1)你准备教什么?

(2)你实现教学目标了吗?

(3)你使用了哪些教学材料?它们的效果怎么样?

(4)你使用了哪些教学手段?

(5)上课时,你是如何分组的?

(6)你的课堂是以教师为主导的吗?

(7)师生是如何互动的?

(8)有什么有意思或者不寻常的事发生吗?

(9)你对课程有什么不满意的地方?

(10)你做了什么不同于平时教学的事情吗?

(11)你有哪些教学决策?

(12)你有没有偏离教学计划?如果有,为什么?这些改变使教学效果变得更好还是更坏?

(13)该课程最主要的成就是什么?

(14)课程的哪些部分最成功?

(15)课程的哪些部分最不成功?

(16)如果再教一遍,会有所不同吗?

(17)你的教学理念反映在课堂教学中了吗?

(18)关于你的教学,你有什么新的发现吗?

(19)你认为你的教学还可以做哪些改变?

第二,与学生相关的问题:

(1)今天上课你关注到每一个学生了吗?

(2)课堂上学生都能够积极参与吗?

(3)你如何应对不同学生的需求?

(4)学生觉得教学内容难吗?

(5)你认为学生从课程中真正学到了什么?

(6)他们最喜欢课程的哪个方面?
(7)他们对哪些方面评价不高?

3.3.2 语言教师需要自我反思的问题

(1)我的语言教学理念的来源是什么?
(2)我处在职业发展的哪个阶段?
(3)作为语言教师,我应该如何进行专业发展?
(4)我作为语言教师的优势是什么?
(5)现阶段我有哪些局限?
(6)我的教学中有没有自相矛盾的地方?
(7)如何提高我的语言教学水平?
(8)我应该如何帮助学生学习?
(9)语言教学给了我哪些满足感?

3.4 反思日志案例

教师反思日志既可以独立撰写,也可以与他人合作撰写。具体案例如下:

3.4.1 个人反思日志案例

今天让学生做了一个有关略读的活动。文章的题目是《学习不容易》,我让学生通篇略读并找出文中提到的社会问题。几分钟后,我检查答案,并让学生标注段落。他们需要找出包含社会问题信息的所有段落,然后我来修正答案,并解释一些难点。然后,我发给他们两张纸,一张纸上有五段话,另一张纸上有五个标题,让学生连线。

反思

时间控制再次成为一个问题。本来我计划核对连线练习的答案,但是没有时间了。

词语讲解部分占用的时间应该减少,因为它不符合本课的主要教学目标——略读。

我应该安排专门的时间进行略读练习。

我应该在刚开始上课时进行有关社会问题的讨论,这样学生就可以将他们的答案与文章中的进行比较。

3.4.2 合作撰写教学日志案例简介

这份研究是由三名汉语教师共同发起的,旨在记录和反思他们的教学。

实践证明,撰写日志能够揭示深层次影响教师教学和学生学习的感情因素,所以教师收获很大。撰写日志还有其他的优点,例如可以提供一种提出问题和假设的途径,是反思的工具,而且撰写日志仅需要简单的记录,并不需要依赖课堂观摩者的介入。

在已有的教学日志中,大部分是个人教学日志,但是这些教师认为多人一起撰写日志,一起反思和讨论自己的日志及他人的日志更有帮助。

计划

在一个 10 周的学期中,每位教师每周撰写两个班的教学日志。

行动

教学日志内容依据不同的班级有不同的类别,包括商务汉语、科技汉语和补充汉语。在撰写日志时,教师一般会将课堂事件的客观陈述和教师个人的反思相结合,不会把关注点缩小到几个问题上。

为了将合作撰写日志的三位教师的互动效果最大化,日志内容一般会包含书面反馈和集体讨论,从而形成一个三角形程序:每位教师将自己的日志交给其他教师阅读,并对其他教师的日志内容做出简短的评论,然后再开始讨论。讨论内容要录音并形成文本。

观察

学期末,教师对教学日志、书面评论和讨论文本进行分析,确定这三者互相影响的方式,找出哪种问题出现的频率最高。

通常,书面评论会对日志作者提出很多问题和要求。教师也经常利用书面评论提出要求,例如提出将某个议题或问题放到周五下午的讨论中去,或者是整合日志内容中共同关注的问题。

在教学日志、书面评论和每周讨论的互动过程中,产生了另外一个有意思的现象——议题呈现从局部的、微观的层面(真实课堂事件)到一般的宏观层面的发展模式。

反思

这一过程掺杂着矛盾的情感：在某种程度上，撰写日志可以提供卓见，提高认识；但同时，自觉地撰写日志需要教师投入时间和精力，所以在某种程度上是一种负担。

从积极的方面来看，撰写日志使教师能够专注于几个重要问题，过程中提出的议题、问题和担忧可以指导以后的课堂研究。而且，日志可以让教师从局内人视角看待其他教师的经验。

在今后的研究中，教师应该集中研究几个关键性问题，这样，参与者能够有机会深入地研究几个受到普遍关注的问题，而不是同时探究很多问题。最后，需要给教师足够的时间投入日志记录和分享训练中。

4 反思性教学

反思性教学（Reflective Teaching），又称反思性实践（Reflective Practice），是国内外教育界和第二语言教育界普遍认可的促进教师专业发展的有效路径和教师培养理论（Winter，1989；Bartlett，1990；甘正东，2000；高翔、王蔷，2003）。2015年，在2007版和2012版《标准》基础上编写的《国际汉语教师证书考试大纲解析》对反思性教学进行了较为清晰的介绍和说明。反思性教学是国际中文教师实现专业发展的必由之路。

4.1 反思性教学的产生背景

反思性教学是伴随着二语教师专业发展模式的转型和第二语言教学观的转变而产生的。

第一，二语教师专业发展模式的转型。如前文所述，国内外二语教师专业发展主要经历了技艺模式、应用科学模式和反思模式。与前两种模式相比，反思模式将教师看成是一个包括认知、情感、社会因素在内的完整的有思想的个体，重视教师的主观能动性。该模式在美国和欧洲二语教师专业发展中受到广泛认可和欢迎。20世纪80年代，美国全国教师标准委员会制定了《英语作为一门新语言的教师标准》,即英语作为第二语言的教师标准,该标准将反思行为列入英语作为第二语言教师评价的标准。

第二,第二语言教学观的转变。随着二语教师专业发展模式的转型,第二语言教学已经从教学法以及其他外部的、由上及下的教学观向一种试图理解教学本质的教学方法转变。这种教学方法常从教师自身及实际教学过程出发,通过探究教师的行为和目的,试图更加深入地理解教学过程,从而建立一个内部的、自下而上的教学观。此种教学法由教师发起并进行指导,需要教师进行自我观察,收集关于课堂以及教师在课堂中的角色的资料,并用分析出的数据进行自评和改进,推动专业发展。(Richards,2003)

4.2 课堂反思性教学的概念界定和意义

反思性教学是教师借助发展逻辑推理的技能和仔细推敲的判断以及支持反思的态度进行的批判性分析的过程。(Villar,1994)国内学者熊川武认为反思性教学是"教学主体借助行动研究不断探究与解决自身和教学目的以及教学工具等方面问题,将'学会教学'与'学会学习'统一起来,努力提升教学实践合理性,使自己成为学者型教师的过程"。(熊川武,2002)从国内外较具代表性的反思性教学定义,我们可以发现反思是推动教师积极参与教学实践研究、改善教学效果和自主专业发展的一种手段和工具。基于此,我们认为国际中文课堂反思性教学是职前教师和在职教师运用适宜的研究方法收集有关教学资料,发现问题、分析问题和解决问题,对教学实践进行批判性反思的过程。反思性教学帮助教师从压抑性的、常规性的行为中解放出来,让教师以一种深思熟虑、目的明确的方式去行动,为分析和发展教师的学习与教学提供了立足点,是加强专业发展的一个基本过程。

4.3 国际中文课堂反思性教学的具体方法

反思性教学的手段或方法较多,每种方法都各有利弊,教师可根据教育实践过程中的具体情境,采用适宜的方法。主要包括以下七种方法:反思日志,即对课堂教学情况的书面或录音记录;课程教学报告,描述课程主要特点的书面记录;调查和问卷,即发放问卷或者进行调查之类的活动,目的是搜集有关教或学的某个具体方面的信息;课堂录音或录像,记录一节课或者一节课的某一部分;课堂观察,实习教师观摩指导教师或同事的授课;叙事研究,教育叙事研究是借助教育叙事的方法,研究教师的教育生活与发生在教育世界中的事情;行动研究,实施某项旨在给教师的授课带来变化的行动计划,并对其实施效果进行后续观察。其中的反思日志、叙事研究和行动研究不仅是反思性教学的具体方法,也是实现国际中文教师专业发展反思模式的有效路径。

5 微格教学

5.1 微格教学的界定

微格教学(Micro Teaching),也被译为微型教学、微观教学或小型教学,是一种利用现代化教学手段来培训教师的实践性知识的教学方法,要求教师在短时间内模拟教学经历,将一个简短的教案实践环节向自己的几个同事或向规模较小的班级的学生呈现。在微格教学的过程中,教师可以用新的视角去审视自己、审视学生、审视课程,不断地更新自己的认知结构。同时,教师可以与同事交流,与不同学校的教师对话,也可以与专家、学生等进行交流,交流教学中的问题,讨论解决的方法。通过相互交流与借鉴,实现更为深刻的反思。(王添淼,2010)

5.2 微格教学的发展

1963年,美国的斯坦福大学最先使用微格教学训练师范生的教学技能。这种方法很快被社会认可,并向全世界推广。美国和欧洲一些国家的师范教育首先接受了微格教学法。我国香港中文大学教育学院从1973年开始采用微格教学法培训师范生;1983年,于在职教师培训中进行了实验,证明微格教学对在职教师培训也具有重要价值。在日本和澳大利亚,微格教学也受到了研究者的关注并得到了长足的发展。澳大利亚悉尼大学基于近十年的研究和实践编著的微格教材、制作的示范录像已被澳大利亚80%的师资培训机构,以及英国、南非、巴布亚新几内亚、印度尼西亚、泰国、加拿大、美国的一些师范院校采用,获得了世界声誉。1988年10月至1989年3月,北京教育学院进行了微格教学效果的对比实验研究。实验结果表明,用微格教学对在职教师进行培训的效果明显优于传统方法的效果。类似的实验在国内外一些学校都进行过,多数结果都表明微格教学的培训方法效果显著。

2007年,国务院学位委员会批准设立汉教硕专业学位,国内一些高校开始建设汉教硕相关课程,为了提高其教学技能,培养应用型和实践型的毕业生,很多高校都采用了微格教学法。近些年,除了针对国际中文教育职前教师的微格教学训练,职后教师培训中也经常使用微格教学法,并取得了很好的培训效果。

5.3 微格教学的步骤[①]

微格教学的实施包括学习相关知识、确定训练目标、观摩示范、分析与讨论、编写教案、角色扮演与微格实践、评价反馈、修改教案等步骤。

(1) 学习相关知识

微格教学是在现代教育理论指导下对教师教学技能进行模拟训练的实践活动。在实施模拟教学之前应学习微格教学、教学目标、教学技能、教学设计等相关的内容。通过理论学习形成一定的认知结构,利于以后观察学习内容的同化与顺应,提高学习信息的可感受性及传输效率,以促进学习的迁移。

(2) 确定训练目标

在进行微格教学之前,指导教师首先应该向受训者讲清楚本次教学技能训练的具体目标、要求,该教学技能的类型、作用、功能、典型事例运

[①] 本节内容引用并参考刘宗南主编(2011)。

用的一般原则、使用方法及注意事项。

（3）观摩示范

为了增强受训者对所培训的技能的形象感知，指导教师应提供生动、形象和规范的微格教学示范片（带）或现场示范。在观摩微格教学片（带）过程中，指导教师应根据实际情况给予必要的提示与指导。教学示范可以是正面的，也可以是反面的，但应以正面示范为主。如若可能，应根据声像资料提供相应的文字资料。要注意培养受训者勤于观察、善于观察的能力，吸收、消化他人的教学经验的能力。

（4）分析与讨论

在观摩示范片（带）或教师的现场示范后，组织受训者进行课堂讨论，分析示范教学的成功之处及存在的问题，并就"假使我来教，该如何应用此教学技能"展开讨论。大家通过相互交流、沟通，酝酿在这一课题教学中应用该教学技能的最佳方案，为下一步编写教案做准备。

（5）编写教案

当教学技能和教学目标确定之后，受训者就要根据教学目标、教学内容、教学对象、教学条件进行教学设计，选择合适的教学媒体，编写详细的教案。教案首先应说明该教学技能应用的构想，还要注明教师的教学行为、时间分配、可能出现的学生学习行为及对策。

（6）角色扮演与微格实践

角色扮演是微格教学中的重要环节，是受训者训练教学技能的具体教学实践过程。受训者自己走上讲台，扮演教师，因此被称作"角色扮演"。为营造出课堂气氛，由小组的其他成员充当学生。受训者在执教之前，要对本次课做一简短说明，以明确教学技能目标，阐明自己的教学设计意图。讲课时间视教学技能的要求而定，一般 5~10 分钟。整个教学过程将由摄录系统全部记录下来。

（7）评价反馈

评价反馈是微格教学中最重要的一步。在教学结束后，必须及时组织受训人员重放教学实况录像或进行视频点播，由指导教师和受训者共同观看。先由试讲人进行自我分析，检查实践过程是否达到了自己所设定的目标，是否掌握了培训的教学技能，指出有待改进的地方，也就是自我反馈。然后指导教师和小组成员对其教学过程进行集体评议,找出不足之处,教师还可以对其需改进的问题进行示范,或再次观摩示范录像,以利于受训者进一步改进、提高。

(8) 修改教案

评价反馈结束后,受训者需修改、完善教案,再次实践。在单项教学技能训练告一段落后,要有计划地开展综合教学技能训练,以实现各种教学技能的融会贯通。

6 行动研究①

6.1 行动研究的界定

行动研究(Action Research)在社会科学研究的各个领域都具有重要价值,并在教育研究领域得到广泛应用。行动研究强调的是教师对教学实践的批判性反思,即教师对自身行为进行即时的监控与调节,并对教学中出现的问题进行即时研究、即时解决,是一种以实践的改进作为关注焦点的研究模式。旧《标准》和新《标准》都明确提出,国际汉语教师应掌握"行动研究"这一概念,具备根据教学中出现的问题设计研究课题的能力。

6.2 行动研究的步骤②

典型的行动研究包括教师在自己课堂内的小规模的调查活动,也包括一些反复出现的阶段:计划、行动、观课、反思。

教师行动研究的过程包括:

(1) 选出一个问题或某一问题的重要方面,进行更细节化的研究(如教师对问题的使用)。

(2) 选用合适的收集相关信息的步骤(如记录课堂教学)。

---

① 本节引用并参考王添淼(2015b)。
② 本部分引用并参考杰克·克罗夫特、理查兹、查尔斯·洛克哈特著,王添淼译(2017)。

（3）收集信息，分析信息，确定哪些改变是必要的。

（4）制订行动计划以改变课堂行为（如制订减少教师回答问题频率的行动计划）。

（5）观察行动计划实施后的教学效果（如通过记录课堂教学过程和分析教师的提问行为反思其重要性）。

（6）如有必要，制订二次行动计划。

6.3 国际中文教师行动研究现状

美国和欧洲大多数高校二语教育师范生都开设了"行动研究"课程；20世纪90年代北京师范大学给英语教学法方向的硕士研究生开设了"行动研究"课程，后变为硕士、博士研究生的通选课，并从一学期改为一学年。可见，行动研究对教师专业发展的重要性。2004年，知名学者崔永华曾在《世界汉语教学》发表了国际中文教育界第一篇有关行动研究的论文。2015年，我们运用问卷调查法和访谈法对国际中文教师行动研究现状进行调研。但至今国际中文教育界有关行动研究的学术成果仍寥寥无几。[①] 国际中文教师在研究过程中存在以下几个问题：

第一，对行动研究内涵的认识仍比较模糊。

调查问卷和访谈都涉及一个重要问题，即"行动研究是否属于一种具体的研究方法"。即便是从事过行动研究的教师，对于行动研究是一种具体的研究方法还是一种研究理念或者研究范式，也缺乏明确的认识。实际上，行动研究产生于20世纪30年代中期的美国，最初是行政官员将其运用于社会学调查之中。到了20世纪40年代，美国社会心理学家Lewin提出社会科学研究应该从实际工作需要中寻找课题，在实际工作中进行研究，由实际工作者与研究者共同参与，使研究成果为实际工作者所理解、掌握，从而达到解决实际问题、改变社会行为的目的，做到没有无行动的研究，也没有无研究的行动，即行动研究。（Susman & Evered,1978）行动研究不是一个纯粹的研究方法，确切地说，它是一种倡导和提议，也可

---

① 源于中国知网国际中文教育界有关行动研究学术成果的查询结果，截至2022年1月。

称为一种研究理念或研究范式,即呼吁教师参与研究教学中遇到的问题。

第二,有些教师不善于发现和明确研究问题。

行动研究是一种以问题为中心的研究范式,以教师在实践中遇到的问题为切入点,需要教师通过自己的实践摸索来寻求解决问题的办法。这正是行动研究与其他科研形式的重要区别。我们的调查结果显示,51%的教师选择"难于发现问题",30.6%的教师选择"不知道自己发现的问题是否值得研究"。首先,事实上,凡是教师在教学实践中遇到问题和感到困惑的地方都是值得研究的,因为这些问题源于教师自身的实践,每个教师都是不同的,每个教学情境都是因人而异的,所以这些问题也都是独一无二,且具有一定价值的。其次,一些教师难以明确或者说是窄化自己的研究问题。有的教师教学的困惑难以立即转化为行动研究问题,这就需要经过一定的调整和对问题的不断修订。比如,有位教师对"学生中文交际能力的提高"进行研究。此研究问题过于宽泛,学生的中文交际能力包括听、说、读、写等方面,而且学生也需要界定,是初级水平的学生,还是中级或者高级水平的学生,不同中文水平的学生交际能力提高的方法也是不同的。因此,研究问题应尽量明晰,具有针对性和可操作性,有利于在教学实践中通过行动研究方案来解决。

第三,国际中文教育相关学科理论基础知识较为薄弱。

旧《标准》和新《标准》指出,作为一名合格的国际中文教师需要具备语言学、二语习得、教育学、心理学、文化与跨文化交际等学科的基础知识。可见,国际中文教育研究是一门跨学科的研究,基于教学实践的行动研究更需要教师具有跨学科的知识背景。我们的研究显示,22.4%的教师选择"国际中文教育相关学科理论知识比较丰富",20.5%的教师选择"国际中文教育相关学科理论知识还可以",57.1%的教师选择"国际中文教育相关学科理论知识比较薄弱",没有教师选择"国际中文教育相关学科理论知识非常丰富"。比如,有的教师发现教室的布置的确对教学效果有影响,但不知道此研究是否有什么理论基础。实际上该问题属于课堂教学空间信息方面的研究,而空间信息属于交际理论中的非语言交际范畴,并且国外已有一些关于空间信息对语言教学产生影响的研究成果。

所以，该教师需要增强交际理论的学习。此外，访谈中，有的教师认为，他们"曾经对一些理论很感兴趣，在教学实践中遇到问题时，也很想套用这些理论来解决问题，但这些理论应用起来并不像想象的那么容易""可能是自己知道的理论太少，也可能还是没有真正的明白"。有 81.6% 的教师选择"他们已经感觉到理论知识比较薄弱，希望能够进一步加强相关理论的学习"。但问题有二：一是苦于没有时间，学校的教学任务都比较繁重；二是苦于没有机会，希望学校或相关机构能够多组织一些理论与实践紧密结合的讲座、工作坊或培训活动。

第四，研究方法选择和运用不当，且缺乏科学性和严谨性。

63.3% 的教师选择"不清楚哪种方法适合行动研究"。在课堂教学研究可以采取的方法这一问题中，大部分教师选择了"课堂观察法""访谈法"和"问卷法"，32.6% 的教师选择了"反思日志法"。"课堂观察法""访谈法"和"问卷法"是行动研究最常用的方法，虽然大部分教师在进行行动研究时选择采用这些研究方法，但是对于这些研究方法分别适用于研究哪类问题仍旧缺少清楚的认识。此外，"反思日志法"也是行动研究常用的研究方法，是一种很好的搜集资料的方法，不仅可以记录观察、访谈和问卷的情况，也可记录自己的感想或是突发性事件。通过反思，教师一些感性的经验可以转化为理论架构，为将来撰写行动研究报告做铺垫。此外，"三角互证法"是提高行动研究科学性的有效途径。所谓三角互证法就是从多个角度或立场收集对有关情况的观察和解释，并对它们进行比较以确定它们是否可以相互证实。比如，我们使用观察法对某一现象有所发现，可以再使用访谈法和问卷法对此现象进行研究。另外，我们在某时某地对某一现象的研究有所发现，也可以选择在不同的时间和地点对此现象进行研究，实现互证。

第五，对行动研究的价值和作用认识不清楚。

行动研究对教师专业发展具有重要作用。30.6% 的教师选择"行动研究有利于国际中文教师专业知识结构的完善"，7.1% 的教师选择"行动研究能够增强国际中文教师的教育实践能力"，40.8% 的教师选择"行动研究能够提高国际中文教师的反思意识和能力"，59.2% 的教师选择"行动研究能够树立国际中文教师教学和科学研究的信心"。可见,教师对行动研究的具体价值和作用还缺乏一定的了解。理论知识是成为一名合格的国际中文教师的基础,理论可以指导实践,但却难以预测那些特殊的教育情境。在20世纪50—80年代,英美国家有关专家型教师和新手教师的研究就已表明,二者的一个重要区别是专家型教师有关教学实践的知识远远高于新手教师,而这些知识大部分都是缄默性知识,这种缄默性知识是很难通过外在的形式和直接教学获得,只能由实践者本人在实际情境中"体悟"。(叶澜等,2001)而实践性知识产生于处理实践中复杂性和不确定性情境的过程本身,以及相应的行动中的反思。在行动研究中,教师以研究者的身份参与进来,处于研究者的活动状态,不仅能提升教师的反思意识和能力,更可以加强国际汉语教学和研究的信心。

6.4 国际中文教师行动研究建议与对策

教师在教学中研究,在研究中教学,行动研究恰恰能较好地将二者结合在一起。实际上,行动研究所强调的正是研究和解决教师教学实践中遇到的问题,重视一线教师在实践过程中总结形成的小理论。这些小理论并不宏大,不是放之四海而皆准的,而是深深扎根于一线教师的思考与探索之中,有着很强的情境性特征,且更具实践和应用价值。教师可以在行动研究过程中尽可能地探究适合某种特定教育情境和教学目标的教学理论与方法。针对教师行动研究的现状和问题,我们认为可以从以下四个方面提升国际中文教师开展行动研究的能力:

第一,培养教师在教学过程中的问题意识,加强对实践情境的关注与研究。

以往的国际中文教育研究更多的是语言本体知识的研究,对于教学的研究也往往是专家生产理论、教师消费理论,但专家生产的理论很可能与教师教学的特定情境相脱离。而行动研究所关注的是针对教学实际情况的研究,强调的是理论与实践相结合,通过实践批判与理论关照来寻求解决问题的答案。所以,我们应该培养教师教学过程中的问题意识,加强对实践情境的关注与研究。具体路径包括以下六点。一是具有反思意识。如果教学中遇到问题得过且过,则不可能发现任何问题,所以问题意识的培养首先需要教师具有自我批判反思的意识。二是将发现的问题归类。判断遇到的是哪个种类的问题,是跨文化交际的问题,还是教学方法的问题。三是思考问题的影响力。遇到的问题是普遍存在的还是个别现象。四是分析产生问题的原因。是教材、学生还是教师的原因,甚至是学校或教育政策的原因。五是思考问题对课堂教学是否有影响,产生了哪些影响。六是具有坚定的信念。行动研究的问题不是一成不变的,而是不断发展和变化的。有的教师发现了研究的问题,但在研究过程中发现问题不能成立,继而对研究失去信心。其实,行动研究的问题往往会随着研究过程的推进而发生不同程度的变化,教师可根据问题产生的原因、普遍性和影响力进一步提出新的问题。

第二,拓宽教师国际中文教育相关学科的理论知识,以及加强研究方法的学习。

任何教育教学理论、二语习得理论和跨文化交际理论,都难以像数学原理或物理定律一样放之四海而皆准,往往是教有法而无定法。行动研究源于实践,并在实践中寻求问题的解决办法。实践中的摸索与理论知识的学习并不矛盾。行动研究是一个计划、行动、观察和反思的不断扩展、螺旋式循环的过程,其中的每一个环节都需要理论的支持。当教师发现教学中的问题时,首先应该查阅相关的理论和研究资料,或者在与同事或专家探讨的基础上探寻问题背后的理论基础。同时,教师也应该增强研究方法的学习,具有对问题进行科学研究的意识以及根据问题的特征采用相应研究方法进行研究的能力,使行动方案的设计更为合理,收集到的研究数据更为可靠,对数据的解释更为充分。

第三,提升教师自我反思的意识与能力。

教师自我反思意识与能力是行动研究的保障。行动研究相对于其他研究范式而言,更关注解决问题的过程,以及过程中的观察和反思。而且,问题的解决并不意味着行动研究的结束,而是要对研究的结果继续反思,发现新的问题,开始新一轮的行动研究。所以,这个过程实际上是一个反思、反馈和调整的反思性实践循环的过程,教师需要主动地对实践进行持续的、公开的、系统化的反思。实际上,国际中文教育的实践与反思是一个硬币的两面,教学实践的流动性需要进行实时反思,而反思可促成教学实践效果的提高,二者既相互独立,又相辅相成。

第四,促进教师间的交流与合作。

在行动研究中,传统的教师文化将被解构和重建,教师需要从孤立走向合作。当教师在教学中遇到问题时,要主动地与同事和专家进行沟通与合作,寻求解决问题的办法。同时,教师也要主动地接受别人对自己设计的行动方案、选择的研究方法、研究过程和研究结果的质疑与批评。可是,根据我们的调查,教师对教学实践问题正式的、深入的交流并不多,与国际中文教育相关学科专家交流的机会也比较少。实际上,我们可以通过行动研究建立一个合作研究小组,小组成员可以在合作研究过程中进行深入、有效的交流。我们也可以成立教师专业共同体,就某一教学中常见的问题进行讨论,在讨论过程中聚焦研究问题,开展行动研究。同事间非正式的讨论、工作坊、学术会议等方式也是促进教师合作与交流的重要途径。

6.5 行动研究案例分析

下面对教师文澜的行动研究进行分析。

文澜发现自己在让学生参与对指定阅读材料的全班讨论方面有困难。她觉得自己已经做到了鼓励学生、不做评价、提供激励性质的反思型问题,但让学生进行课堂讨论仍然像拔牙一样痛苦。

文澜和同事王老师交流了自己的问题。王老师认为也许是教室结构安排影响了开放式讨论,并把自己的经验与文澜进行了分享。王老师遇到类似问题时,重新安排了学生的座位排列。她告诉文澜,自己通过阅读相关文章和亲身实践发现学生的座位排成半圆形有助于讨论,并给了文澜一篇由三位教育家写的文章。这篇文章证明了半圆形的座位安排(与秧田式相反)有助于面对面地交流,自然而然地提高了学生间的交互作用。

文澜很喜欢这种想法,决定在自己的课堂做个实验。在一节课的第一部分,她决定重新安排课桌的摆放形式,从秧田式改为圆环式,教师也是圆环中的一员。第二部分维持秧田式座位排列。

为了评估这种座位改变的效果,文澜进行了记录,看看在 20 分钟的讨论里,自己原来准备的十个启发性问题中需要用到几个问题来激发讨论。她的假设是:由于学生越来越积极地参与讨论,所以将越来越少地用到这些问题。

实验进行了两个星期后,文澜对记录进行了整理,发现在日常教学中,如果是圆环式的座位排列,老师平均只需要用 3 个问题就可以激发学生 20 分钟的讨论。但如果是秧田式的排列,学生都面对教师,结果在 20 分钟讨论里需要用到 8 个启发性的问题。

通过研究我们学到了可以鼓励学生参与阅读课讨论的有效策略,就是要适时调整座位排列方式,圆环式座位排列非常有利于激发学生参与课堂讨论。此研究也验证了已有的研究结论。

7 叙事研究[①]

7.1 叙事研究的界定

教育叙事研究(Education Narrative Research),即研究者通过局内人视角进入参与者的肌肤,搜集和讲述个体教育故事,与教师平等地沟通、对话,描述个体教育生活,在解构和重构教育叙事材料过程中对个体行为和经验建构获得解释性理解的一种活动。(傅敏、田慧生,2008)叙事研究能够激发教师思考与反思,是促进教师获得实践知识,获得自我发展和合作发展的理想化方式。(孙德金,2010)

7.2 国际中文教师专业发展叙事研究案例分析

本案例对网络化和信息化时代下,教师从传统课堂教学到慕课教学

---

① 本节引用并参考王添淼、张越(2017)。

的角色转换进行了探究。该研究采用叙事研究的方法带领读者进入慕课教师L的经验世界,通过讲述其教育经历和心得体验,讨论教师在慕课教学和传统课堂教学中的角色差异,解构和重建慕课教学环境下的教师角色,以期加深教师对于"互联网+"时代下新兴教学形式中的角色认知,为教师迅速转变角色、实现自我突破提出相关建议,并为慕课教师的专业发展提出指导性策略。

7.2.1 研究对象

L老师是一所国内一流大学的资深中文教师,其就职的对外汉语教育学院是国内首批对外汉语教学基地之一,同时也是国内最早一批开设慕课课程的单位。L老师自1991年开始从事国际中文教育工作至今,已累计教授班级近80个,学生1200人次,6000学时,且教学评估优秀,在国际中文教育方面具有丰富的实践经验。2014年,L老师开始进入中文慕课教学领域。其第一门慕课课程"中文入门"自上线以来,就受到了广泛关注,截至2016年12月,线上学习人数已达60多万,成为效果最好、最具影响力的慕课之一。此后,L老师又开设了"汉语进阶"课程。在其教学专业成长历程中,L老师逐步形成了较为成熟的慕课教学风格,并取得巨大成功。可见,L老师不但是传统课堂教学的一名资深专家型教师,同时也是慕课教学领域的专家。而专家型教师往往能够对自身的经历进行更为深刻的教学反思,从而更为完整、全面地呈现从传统课堂教师角色到慕课课堂教师角色转化的社会影响因素和校园影响因素。此外,在观察和访谈中我们了解到,L老师在慕课教学过程中,经历了经验期的迷茫与不适应,此后在实践中调适与更新,不断调整自我角色定位,摸索教学技巧,完善教学模式,最终完全实现了从传统课堂教师角色到慕课教师角色的转变,到达精致与平稳期,展现了完整的教师专业成长历程。综上所述,L老师的教育故事具有典型性,能够较为集中地反映慕课教学中教师角色的转换,从而实现分析性的扩大化推理,因此本文将L老师选为研究对象。

7.2.2 慕课教学中教师角色类型的转换

慕课的到来,重新定义了教师的角色,不仅需要教师提升综合能力水平,实现教学形式的全方位转变,更对教师心态调整提出了挑战。L 老师正是通过重新审视自身定位,实现了以下四种转变,进而实现了在慕课教学实践中的专业成长。

第一,社会环境及校园文化背景下 L 老师知识结构的完善。

长久以来,课堂教学一直将教学内容和教法作为教学的两大核心,教师是课堂信息源的绝对权威。因此在传统课堂教学中,L 老师主要将自己定位为语言和文化知识的传输者,利用深厚的中文知识和文化积淀,以及丰富的教学经验,采用适当的教法,引导学习者进行中文学习。在以内容和教法为核心的理念的指导下,L 老师始终觉得各种新兴信息技术手段离自己十分遥远,课堂上的信息化建设也只是一些简单的 PPT 运用,而且认为语言教学中 PPT 的过多使用会降低教学质量。因此和某些教师一样,L 老师对于信息技术也存在一种天然的排斥感。

社会环境是促使 L 老师走上慕课教学道路的首要原因。现代社会,科学技术迅速发展,新知识爆炸性增长,新的教育形式不断涌现。从 2013 年起,慕课课程在中国受到了很大关注。大规模、开放性、在线性的慕课教学为广大学习者提供了前所未有的机会和帮助,受到了包括政府、高校在内的社会各界的大力支持与提倡。教育部已出台《关于加强高等学校在线开放课程建设应用与管理的意见》,推进在线开放课程学分认定和学分管理制度创新,便于选修慕课的学生获得学校的学分。同时政府还积极组织慕课的"国家精品在线开放课程"认定等。在政府的大力鼓励下,各大高校纷纷开展慕课建设。

此种教育方式的大变革深刻影响了 L 老师对自身的认知和定位。L 老师意识到,互联网技术让知识变得随时随处都可以获取,教师作为资源提供者的权威在不断降低。碎片化的学习方式要求教师发挥自身的专业优势,发挥资源整合者的作用。"我越来越清楚,自己不仅需要提高专业水平和技能,而且需要适应时代趋势,掌握新的教学模式。线上课程是一个趋势,在这样的大趋势之下,抗拒和逃避是消极的。"抱着"不学习不如去学习,晚学习不如早学习"的想法,L 老师正式踏上了慕课的征程。

而学校环境,尤其是学校文化更是为 L 老师的慕课成长道路提供了便利条件。2014年,该校适应时代教育潮流,积极倡导各学科开展慕课教学,并设立了一系列与慕课相关的教育技术培训计划。学校还专门成立了慕课小组负责建课工作,包括指派建课联系人,提供相关技术和经费支持。教育教学环境、科研条件和资源为L老师从传统的"知识型教师"向"知识+信息技术型教师"的转型提供了便利的物质条件。

外部因素是激发L老师走上慕课道路的主要因素。随着慕课实践的深入,L老师自主发展意识逐步增强,外部因素转化为寻求专业发展的内部因素。这同样与校园文化密不可分,该校汇聚了大量不断追求卓越的学术精英和高质量的教师团队。正如Berker从生态心理学角度所指出的,环境对于激发和形成人在环境中的行为方式有很大影响,在具体组织中,人们往往表现出互相一致而又与一般人不同的行为方式。也正是在这样的校园文化的熏陶下,L老师拥有了强烈的自主发展意识。这也是L老师主动寻求专业发展道路,向"知识+信息技术型教师"转变的内在驱动力。

第二,"独角戏"教学模式下L老师的信念重构及行动重整。

教师和学生是教学活动的两大主体。在传统中文教学中,L老师多年来一直秉承教学界所倡导的精讲多练的原则,将课堂交际还给学生,让学生担任课堂的主角,教师为配角,辅助学生进行课堂学习;同时践行交际法教学原则,着重培养学生的交际能力。"我并不是把语言知识完全传授给学生,而是更多地像一名引导者,做个配角,启发学生在情境中理解知识的意义和用法,引导学生在互动中进行交际练习,不是教师唱独角戏。"然而,由于慕课课堂完全不同于传统课堂,在慕课教学中,L老师的教学信念不断遭受到现实的冲击。

慕课课堂没有真实的学生,L老师面对的唯一的"学生"是摄像镜头。这需要L老师转换为课堂的"主导者",教学变成了"独角戏",要独立完成整个教学过程。"……一直认为没有学生的教学就不算是教学……唯一的学生就是黑洞洞的摄像镜头,提问没有应答,微笑没有回应,也没有眼神的互动交流……往往会感受到不知所措,不知道如何面对镜头微笑,不知道如何面对提问后一片沉寂……"

面对慕课教学实践中的种种变化,L老师感受到了迷茫与不知所措。

原本秉承的教学信念遭受到了挑战。而教师的教学信念直接影响了 L 老师的教学效能感和教学动机,使 L 老师对于自己慕课教学的效果产生怀疑,"我不知道这种形式的教学是否真的适合语言教学"。

在遭遇种种现实的打击之后,L 老师开始重新检视和反省自己已有的教学信念。教师教学信念的形成是不断地发展演变的过程,随着社会的发展对教育提出新的要求,要求教师不断解构已有教学信念并重构新的教学信念。L 老师深刻意识到在新的教学模式下,原有的教学信念已经不再适用,在对自己的教学观念进行调整后,他积极践行"重整行动(Aligning Actions)"。"重整行动"是社会学者 Stokes 提出的一个概念,指主体在遭遇现实困境之后,通过自我反省而对自己的行为做出调整。(周成海,2009)在"独角戏"的慕课教学模式下,L 老师努力在实践中探究适合慕课学习者的课堂环节和课堂节奏,如将知识点讲解分为若干短视频以保证学习者最大的学习效率,在重要语言点处插入随堂测验以及时巩固,每个话题结束后插入若干小测验以加深记忆。

第三,单向互动模式中老师的反思与实践。

传统课堂中,教师和学生之间存在面对面真实的互动。我们通常所说的"互动"指在一定社会背景与具体情境下,人与人之间发生的各种形式、各种性质、各种程度的相互作用和影响。师生互动是指在师生之间发生的各种形式、各种性质和各种程度的相互作用和影响。师生互动具有交互性和连续性,师生双方总是基于对方的行为来做出自己的反应。(叶子、庞丽娟,2001)一方面,教师提供的反馈,包括与学生的谈话、给学生的评语、采用的教学手段,均对学生产生重要影响;另一方面,学生的行为与反应同样会影响教师。尤其是语言教学,更需要师生间的有效互动。

在传统课堂教学中,L 老师是一名双向互动者。在知识传输过程中,他对学生的回答和反应做出及时的反馈,一方面帮助学生及时修正他们的答案和理解中的错误,另一方面及时调整自己的教学行为。课下,L 老师可以对学生的作业和问题进行及时反馈,一方面促进学生巩固知识,另一方面检验教学效果,调整教学计划。同时,传统课堂教学的师生互动不仅体现在知识传输中,也体现在师生的情感互动中。在 Erikson、Maslow、Rogers 等西方人本主义心理学家的影响下,外语教学中的情感因素备受人们关注,是成功的外语教学中不可忽视的重要因素。(王初明,1991;项茂英,2003)学生去发现与探讨的主动性是学生学习外语的内在根本性动力。因此 L 老师在传统课堂教学中,采用恰当的教学方法,创造适宜的教学环境,充分调动学生学习的内在主动性,使学生将学习作为内在兴趣和交际的需要。而学生对于 L 老师教学的积极肯定,也是 L 老师缓解职业倦怠感,保持教学激情的重要调节剂,"学生听课中从一脸迷茫,到之后恍然大悟,对我会心一笑,或者对我说一句谢谢,都会让我感到由衷的开心和满足……"

然而,由于慕课教学在线性的特点,L 老师与学习者之间在时间和空间上隔离,L 老师"无法知道坐在终端那头的学习者是谁,更不了解他们的学习情况",难以对学生学习情况进行直接、现实的把握。同时大规模的学习者及其相对有限的语言水平,决定了 L 老师无法与学习者之间进行有效的互动。L 老师组织的针对慕课课程的交流论坛,更多的学生留言只是"嗨,你好,我是××",提问数量较少,互动性也不够强。(王添淼、裴伯杰,2016)L 老师被迫从传统课堂教学中的"双向互动者"转变为"单向的语言输出者",这也造成 L 老师难以对课程的教学效果做出判断,影响了他对于教学效果的自我评价和认知。这也在一定程度上降低了 L 老师的教学效能感,使他的教学积极性受到挫伤。然而,L 老师并没有陷在固守旧经验、照搬老方法的窠臼里,而是将自己作为"反思的实践者",不断对于自己的教学进行反思和评价,发现和分析其中存在的问题,提出改进方案,并通过实践不断建构和提升自身经验,提高慕课教学质量。L 老师针对慕课教学缺乏互动和反馈的问题,采取同伴互评,互相分享学习成果的方式来解决。学习者上传自己的作业录音,其余学习者可以互评、打分,并可互相指导。L 老师就是在不断实践、反思、再实践的过程中,使得自己的慕课教学无论在内容上还是在形式上都不断趋于完善与精致。

第四,现实震撼下 L 老师努力向慕课专家型教师迈进。

教师专业成长过程是一个由新手到熟手,进而向专家型教师发展的过程。(连榕,2004)一般而言,新手教师即教学经验很少或没有教学经验的教师,以及参与了教学实习的学生教师。Sternberg把专家型教师称为有教学专长的教师,他们往往可以将更多的知识运用于教学问题的解决,高效率地解决教学问题,同时富有洞察力,能有效识别信息进而对教学问题做出新颖而恰当的解答。(陈琦、刘儒德,2007)

L老师从1991年开始任教,在对外汉语教学领域取得了丰硕成果。L老师教授过的汉语基础课、选修课、特殊项目课等各类课型累计近80个班,学生1200人次,6000学时;为各国研究生、教师、志愿者开设对外汉语教学理论和实践课程、培训约960人次,400学时。教学评估结果一直是"优秀"。L老师不仅在汉语教学方面有着丰富的经验,同时还致力于汉语教学理论研究,在重要学术期刊上发表多篇论文,并参与编写多本著作和汉语教材,研究成果丰硕。L老师无疑是传统课堂教学的专家型教师。

但是,在慕课教学领域,L老师完全是一名新手教师,在最初面对慕课全新而复杂的教学任务时,常会被现实震撼,只能根据自己在培训阶段的相关信息和教学工作的结果做出不明确且不稳定的预期。此外,由于慕课教学师生空间隔离的特点,L老师无法对于学习者学习效果进行有效评估,教学工作能力难以得到验证,对教学效能也无法做出判断。因此,慕课起步阶段的L老师很容易遇到各种困惑,感觉自己不能胜任工作,成就感不大。

随着慕课教学实践的逐步深入,L老师开始针对实践中遇到的困难、学习者的评价及Coursera平台的反馈,进行系统的反思,并且及时调整教学行为,控制自身教学活动。在"基础汉语"的入门级课程中,L老师采用了录播室录像的方式,这对于教师自然、平和、得体地面对镜头的能力是极大的挑战,也是L老师在录制慕课中遇到的最大的困难。因此在后来的"汉语进阶"课程中,L老师将教学视频分为对话部分和讲解部分。讲解部分采取内录式自助课件拍摄,教师只需呈现头像,所以在整体的着装、仪态等方面不用花过多的精力。这不仅成功化解了自身困难,减少了独自面对镜头的"独角戏"感觉,还有助于减少教师形象对学习者注意力的干扰。针对入门课程中学习者所反映的"口头表达无法得到有效反馈"这一问题,L老师在平台的帮助下,在"进阶"课程中开通了学习者提交语音作业供教师评判,或上传语音供学习者互相练习会话和交流互评的功能。可以看出,L老师的慕课教学水平在实践中得以迅速提升,正在从慕课的新手教师向熟手教师转变,并进一步向专家型教师迈进。

7.2.3 有关慕课教学中教师成长的建议

慕课教学已成为不可逆转的潮流,这对于传统课堂的教师来讲,不仅是巨大的挑战,更是一次涅槃重生的机遇。面对挑战与机遇,教师们需要以开放的心态更新教学理念,转变教师角色。基于对慕课教学中教师角色转换的研究,我们提出以下四点有利于慕课教学中教师成长的建议。

第一,建立更有针对性和实效性的教师职前培养体系。

良好的职前教育能够为教师发展打下坚实的基础。随着慕课教学如火如荼地开展,越来越多的传统课堂教学的教师投身慕课建设。所以,教师队伍的职前培养应更具针对性,不仅要在培养环节完善其学科性知识、跨学科知识、实践性知识和条件性知识,更要在培养过程中开设慕课相关知识专题,如慕课的概念、慕课教学理念等,建立更具实效性的教师职前培养体系,全面提升教师团队慕课教学的专业素养。

第二,提供更为完善的在职教师慕课培训。

教师职后培训是现代社会发展和教育发展对教师素质要求提高的集中反映。在"互联网+"时代,教育形式不断创新,教师只有通过不断参与职后培训,才能适应新的教育形式,提高自身教学专业技能,掌握新的教育理念。因此学校及社会培训机构要为慕课教师建立系统的职后培训体系,从公共基础知识、专业基础知识和教育教学技能等方面着力培养教师慕课知识和教学实践技能,并应特别注重慕课教学设计和媒体制作等慕课建设技能的培训。

第三,教师要树立终身学习的理念。

"一朝受教,终身受用"的时代已经过去。慕课对于教师的教学水平、知识的前沿性、综合性等各方面能力都提出了更高的要求,教师不但要调整传统的教学理念和方法,还要树立终身学习观念,提升自身信息素养,适应慕课带来的新一轮信息化对教师专业发展提出的新要求。

第四,教师要成为"反思性实践者"(王添淼,2010)。

教师的自身教学经验和自我反思是教师发展其教学知识的最重要来源,是一种植根于教师内心的、致力于不断丰富与完善教学实践的力量。在慕课实践过程中,教师不应只做由外在技术与原理武装的"技术熟练者",而应该通过实践不断积累慕课建课经验,成为建构和提升自身经验的"反思性实践者"。

7.2.4 结语

慕课对于教师的教学水平,知识的前沿性、综合性等各方面,都提出了更高的要求,教师更要作为"反思性实践者",积极主动地提升自我,并在教育行动中不断反思,实现专业知识和能力的提升。正如 L 老师在访谈最后所述:"慕课是正确的事,尝试了就知道,慕课既不稀奇,也不可怕,但是必须得不断学习和提高,还要不断反思和改进。"慕课作为一种新兴的知识传播路径,其发展离不开每一位教师的努力与推动,我们希望有更多优秀的教师能够投身于慕课带来的这场教育革新之中!

8 教师专业共同体

8.1 教师专业共同体的界定

建立教师专业共同体(以下简称"共同体"),可以以学校为单位,也可以是校际或区域间的职业联合体,通过与其他教师共同分享和相互促进,进一步提高教师在专业发展过程中的反思和协作能力。共同体的研究热潮一直伴随着教育改革展开,研究者们采用量化统计、质性分析、追踪调查等多种研究方法证明了一个有效的共同体对教师教学具有积极的促进作用。然而实践虽已在教育界全面展开,发展的不平衡性却不断加剧。目前,教师共同体的研究主要关注基础教育必修学科,而少有针对语言教育领域的研究,在国际中文教育领域更是寥寥无几。

8.2 国际中文教师专业共同体个案研究[①]

8.2.1 研究方法与研究对象

本研究通过对美国和欧洲二语教师专业发展模式进行分析,发现共同体是教师专业发展反思模式的有效途径。

本研究主要采取质性研究方法中的叙事研究方法。教育叙事研究以故事为载体,以经验分享为取向,以实践反思为媒介,是在相关理论指导下,对蕴含的经验加以归纳、提炼,以揭示内隐于事件背后的信念、意义,生成教育理论的一种研究方法。(孙智慧、孙泽文,2018)本研究还使用了访谈、观察和文本材料收集等质性研究方法。

在研究对象上,我们选取了海外孔子学院(以下简称"孔院")的中文教师,并聚焦于欧洲孔院,原因在于,海外中文教学有其特殊性,尤其在欧洲,中文并不属于优势外语,学时有限,教学点分散且规模以中小型为主,师资来源复杂且教学水平参差不齐,又由于时间、空间和语言的差异,研学互动十分困难。自我反思以求发展往往异变成了孤立的唯我反思。具体研究对象为欧洲某孔院教师专业学习共同体,该共同体运行过程历时一年,共同体规模为10~12人,包含孔院所有在职教师。本研究选取其中9位教师做持续跟踪研究,以下为4位教师的背景信息介绍,姓名均为化名。

教师流苏,本土教师,教龄八年,可熟练使用三语教学。她担任孔院中文教学课程和指导教师工作,同时负责组织本院教师的培训。

教师礼斯,中文母语教师,教龄三年。任教第二学期,孔院尝试将少儿中文课程与成人中文课程对接,她承担了该班级的教学任务。两类课程培养计划的差异给她带来了巨大的困难。

教师游玉,中文母语教师,教龄两年。在日常教学中十分注重个人反思,然而这种反思带给她的并不全是积极的影响,并且学生的积极反馈也

[①] 此实证研究的对象是欧洲某孔子学院的共同体。笔者指导的硕士研究生赴该院做汉教硕志愿教师两年,在此期间,笔者指导其在该院建立共同体。我们一起对共同体与国际中文教师专业发展的关系进行了探究,该生在此基础上撰写了硕士毕业论文。

不能完全安抚她的焦虑,她更希望得到有经验的教师的指导和肯定。

教师长安,中文母语教师,教龄六年。经过数年积累,她已有了自己的一套教学思路。长期脱离科研环境使她对科研的兴趣越来越低。她计划在任期结束后去其他城市寻找条件更适合的语言教学工作。

该研究以共同体理论为基础,通过教师参与共同体的动机、教师情绪劳动、教师行动、教师文化的变化与发展,揭示共同体中教师成长的特征与规律。

8.2.2 教师参与动机类型与强度的变化

教师们出于不同动机表达了参与的意愿,但类别各不相同。

首先,在初始阶段出现两种动机类型。一是教师们表示参与的原因是对自己的教学工作有所助益。追问与讨论之后,教师们通过举例将"有所助益"缩小到了相对具体的教学场景和生活场景中。在这里,教师们尽管提到了相对具体的教学场景,如"少儿课的课堂管理"(游玉)、"口语课的教学内容"(礼斯)、"一对一口语课的练习形式"(礼斯)、"高级阅读怎么才能有意思"(流苏),但追寻的仍旧是在某种情况下通用的解决范式,而非面对特定的班级或学生。二是由于共同体中的教师教学年限有多有少,接触课型各不相同,学术背景有所差异,因此产生了知识落差,这种知识落差正是教师们希望捕捉并利用的。对一些教师而言,对经验与知识的需求实质上复合了工作需要与自我实现的双重动机,是自我实现表述含糊不清的初始阶段。

在接下来一段时间的共同体活动与交流中,教师们以不同方式显现出动机的变化。在描述问题的过程中,教师会介绍班级学生的一些个人信息与学习习惯、自己的教学风格和流程、目前的教学进度、通常采取的教学策略等,甚至展示了自己精心制作的 PPT,由此为其他老师搭建了一个完备的情境,教师们也得以根据具体的情境提供相应的建议,措施的针对性和可行性大大增强了。这一情况的出现频次逐渐提高,教师们更多提及"我需要"某种场景中某个问题的解决策略,获取经验知识的需求聚焦到了解决具体问题上。

随着共同体活动的增加,中期阶段,我们在教师对讨论结果的反馈中发现了以情感因素和结果归因形式出现的动机。通过游玉向我们描述的参加讨论前后的情绪状态，我们意识到她的参与动机不完全是出于对现实问题的考虑，情感因素的推动作用也很大。她认为自己相较于其他人更容易感到焦虑，这种状态使她对人际交往的需求常年保持在较高水平。她需要通过"解决问题"和固定频率的"正面反馈"来安抚自己的焦虑情绪。提及情感因素的并不止游玉一人，在合作模式下成功解决问题与安抚情绪促使她们产生了结果归因类的动机，即因为从成功经验中获益而产生继续参与的意愿。这一现象同样出现在其他教师身上，或是因解决问题，或是因获取所需知识，或是因情绪得到安抚，她们的动机水平得到提高，也因此对发挥作用的共同体机制产生了好奇。

我们通过访谈和收集其他信息，进一步勾画出教师参与动机的变化情况。从早期的工作需要、情感因素，到中期新增的结果归因，到之后萌生的兴趣与好奇，教师经历了由外到内的动机变化。内外部动机的理论已被学界熟知并广泛应用在各类学习研究中，二者并不是相互对立、不可共存的，而是处于一个共同的场域内，随时可能发生相互转化。

教师们表现出的参与动机强弱各有不同，在共同体运行期间，每个教师的意愿也在不断随情况而变化。教师们认为，自己所监控到的动机强度的变化是她们评估共同体运行效果的重要标志。

8.2.3 从对消极情绪艰难的自我消解到借助集体力量的化解

在心理学领域，"舒适区"通常是指周围压力符合或低于个体承受范围的环境，走出"舒适区"被认为是获得个人成长的关键。而教师口中频繁出现的"舒适区"更多表达的是教师对平和、理性的情绪状态的期望。在某些情景下，如教学中遭遇无法解答的问题、课堂管理屡次不顺利、学生学习状态不佳等，游玉会立刻产生紧张、焦虑、沮丧、恐惧等状态，当离开这一情境时，这种状态的程度也随之减轻。其他教师有着类似的经验。教师们的解决方式通常以自身为资源，通过调用储备知识或人脉，产生即时或延迟的、积极或消极的应激反应。共同体并没有设置专门针对教师消极情绪的主题讨论，但由于催生消极情绪的情境通常散落在教学过程中，通过对具体教学问题的探讨往往有助于消解这些情境带来的失控感的干扰。借助对会议讨论的情境分析可以发现,与教师个人缓释消极情绪相比,共同体内的讨论能够为教师提供多线、即时的交流,在既有框架下对某问题进行较为全面的、跨学科的研讨。礼斯提到了另一位教师长安对她的支持和帮助。长安的鼓励持续、长期地渗透在每一次教学研讨会中。她和礼斯的互动并非需求明确的排他性对谈,而是以教学探讨为依托,通过教师之间的情景共享,产生情感共鸣后发生的隐性互动。

除此之外,长期情绪投入和不理想的情绪反馈会使教师的消极情绪在长时间的积累和多种因素的作用下,扩散到其他工作和生活场景中。教师们所提及的负面情绪包括紧张、焦虑、沮丧、恐惧、排斥、疲惫和自我怀疑等,这些情绪通常不会单一出现,而是相互交缠。教师们都认同在这一岗位上需要大量的情绪投入,但同时认为情绪管理或控制是处于私人领域中的,无法正式地成为公众空间的议题。尽管如此,当共同体为教师们提供了在公开平台上寻求他人协助的机会时,教师们仍然乐意敞开自己的私人领域并期待能够进行协作。这一略显矛盾的事实或许和教师职业本身的特点及教师们对职业的理解相关。Hargreaves(1998)提出,教学应当是情绪劳动的一种形式。"情绪劳动"一词让我们看到个体的情绪感受及情绪调控与更广阔的社会结构之间的密切关联(尹弘飚,2017)。从这个意义上讲,正是教师们的矛盾心态导致了她们在对待情绪中的矛盾行为,情绪劳动的公共身份不被普遍认可,使得我们能够断定是共同体的运行所提供的开放、自由的公共交流空间使得教师们得以正视情绪劳动的价值,并借助这个平台协同讨论因此引发的不良情绪,从而起到了帮助教师调节情绪的作用。单从本案而言,共同体具备成为长期参与管理情绪劳动并发挥作用的情绪策略的可能性。

8.2.4 从怠于科研到自主行动研究

共同体结构是集体讨论与焦点项目并行的。集体讨论的主题主要为教师们一致认同的教学难题,而焦点项目则是以一个主题为焦点,开展持续、长期的讨论和实践。如何使问题得到高效解决成为关键所在。

第一次会议中,流苏分享了自己在中文课堂上布置的课后实操作业,游玉将这个方式引用到自己的少儿中文班里后发现了一些问题并提出了自己的疑惑,教师们的共同讨论帮助她调整了作业形式。她将这一过程按照时间顺序整理成文,为其他教师提供参考。此后的"讨论—实践—反馈—再讨论"过程中,教师们多数愿意以书面形式完成自己的总结。游玉的表格呈现出了行动研究的基本样貌,而教师们感悟中所言的"繁琐""细心记录""全面搜集资料""反复验证"正是行动研究的要点所在。经过对书面材料的比对,教师们的书面总结和研讨过程已经具备了行动研究的特征。教师们都希望在不增加工作压力的同时进行科研,不自觉中她们已经做到了这一点。行动研究范式在该院的普及,并不是一个从无到有的过程,它的实践步骤原本就存在于教师的教学过程中,只是没有被发现、抽取,而后与理论相结合。在共同体运行过程中,行动研究并非作为一个口号被提倡,作为强制行为被要求,而是教师自发采取了"计划—行动—考察—反思"的过程解决教学问题后,意识到属于行动研究的范畴,再借助理论对步骤加以完善,是对研究方法的无意识主动选择。

当教师进入教学过程中,伴随而来的是层出不穷的疑问,教师往往也会不断向自己发问。知识、技能与情感在教学中呈现为碎片化的信息,教师聚合、整理信息,提取关键点并进行反思和重复实践,这一过程往复发生,对教师提出了更为严苛的教学要求与科研要求。

8.2.5 从人为合作文化到自然合作文化

共同体实质上与教师共同承担了除观察收集数据、撰写研究报告外的所有步骤,知识共享提高了教师查阅文献的效率。原来教师一般只能采取"独立模式"开展研究,但加入共同体后,很容易转化为"支持模式"或"合作模式"。

共同体出现之前,除根据已设定好的要求和条件自由寻找求助对象外,教师间的交流也与空间距离相关,更具随机性。共同体的运行使教师们的交流方式改变了,其主要活动多数通过对话实现,包括课题展示、话题讨论、教学研讨会、听课观课及反馈,以多人对谈形式展开的教学研讨会贯穿整个学年,是共同体内成员间相互交流的重要途径。对话的节奏、比例、方式决定了不同场合对话具有不同的效果,多对多的正式会谈使教师们必须习惯不同的交流方式。在实际运行过程中多人讨论的模式几经调整,从无主题对话转变为日常反馈与主题讨论分离。这是由于在以"日常事务"为主题进行讨论时,大部分人通常无法避免情绪的影响,情绪的发散性稀释了教师们对主要话题的聚焦。当教师将成功经验和不同场景嵌套,代入经验而非代入具体情景时,会产生理解偏差。为改善对话效果,同时需要说者自身的监控,监控表现为阐述中控制情绪性话语的比例。由此使教师之间的对话进入相同空间,得以完成经验的交流与转换。

可见,共同体中教师的行为方式、信念和价值体系都发生了变化,这实际是教师文化的转变。共同体建立后,在外部条件下教师们来到固定场所进行交流,表面上生成了一种人为合作文化,即通过一系列正规的特定的官方程序来制订教师合作计划,增加教师间相互讨教的机会。(邓涛、鲍传友,2005)Hargreaves(1998)认为人为合作文化具有行政控制性、强迫性、实施取向性、特定时空及可预测性五个特点,因此缺乏灵活性。完全由人为合作文化创制的合作机制无法满足教师们的愿景。根据前文所述,该院内有着教师合作的天然基础,相对于自然合作文化,更趋近于Hargreaves(1998)在后现代主义框架下所讨论的"流动的马赛克"模式,即教师自发组成科研小组,但成员并不固定,小组界限模糊,始终保持开放性和相互间的支持。共同体的运行使教师更为认同合作文化,在解决问题时更容易达成合作共识,对合作研究有主动参加的意愿。此外,教师们在合作文化中更容易找到自己的定位和角色。在不同的案例探讨中,教师会经历从边缘到中心的游移过程。这一过程是不断运动的,因此可使所有的教师有机会进入以自己为中心的讨论,是较为理想的一种协作方式。

8.2.6 国际中文教师共同体的重要价值

本研究中,教师在共同体中的参与动机、情绪状态、科研状态与所倾向的教师文化都在不断变化和成长。教师初期参与动机以情感因素和工作需要为主,在共同体运行过程中,出现了外部动机内化的过程,教师的兴趣逐渐强烈,从活动中获得满足感、愉悦感并感到强烈的好奇,因此出于外部控制因素而参与的比率降低。但外部动机并非消失不见,在共同体的发展过程中它扮演着相当重要的角色,以后也将继续发挥重要作用。

教师在教学过程中可能出现多种负面情绪,来源复杂,共同体通过定期交流解决实际教学问题,加强人际联系提供情感支撑,与教师一同正视情绪劳动的价值并合理对待从而帮助教师疏解不良情绪,同时针对可能催生不良情绪的情境商讨预防或解决的途径。教师们对于在教学中开展科研一度怀着怀疑的态度,对她们来说,根据学生时期得来的印象,科研需要专家的指导、较长的周期、周密的计划及大量的文献准备,这些条件在忙碌的教学工作中成为开展科研的绊脚石。共同体的活动使教师为解决实践问题而在"讨论—实践—反馈—反思—再讨论"的过程中循环往复,她们寻找到了适合目前教学环境的科研方法——行动研究,也在这一过程中提升了科研能力与兴趣,无论对新手教师还是熟手教师而言,这一点都至关重要。科研活动使她们得以逐渐从知识的搬运工转变为知识的产出者,为向教师研究者转变而创造了条件。共同体的活动人为创造了合作文化的导向,而在协同工作与多人会谈机会不断增加的情况下,相比于独立钻研,教师们更乐于在合作中工作,逐步向着自然合作文化迈进。(Hollins et al., 2004)教师们逐渐从松散走向集合,形成更为紧密的学习共同体、发展共同体、文化共同体。

20世纪70年代,教师专业发展开始关注教师终身学习意识和能力的培养。共同体的建立旨在提高教师学习与反思的意识和能力。基于国际中文教育情境的复杂性,教师学习共同体的本质是教师间的相互守望和相互支持,促进教师在实践中发现问题、分析问题和解决问题,这正是国际中文教师专业发展的必由之路。

第六章

国际中文教师反思成长个案

> 教师成长和发展的第一步,就在于教师自身的反思、教师自身对自身的评价和教师自身的自我改造。
>
> ——上寺久雄

本章我们将从新手、熟手和专家型教师三个维度,呈现国际中文教师反思成长的个案。一般而言,新手教师即教学经验很少或没有的新教师,以及参与了教学实习的学生教师。但是,目前,业内对新手教师的教龄时限仍未达成共识。结合已有研究来看,除教龄外,还应综合考虑教师的教育背景、所处环境、目前教学水平、教学经历等因素的影响,一般认为新手发展为熟手教师需要0~5年。熟手教师是已经熟练掌握课堂教学程序,由新手教师关注自我生存的阶段转变为对学生给予更多关注的阶段,教学内容的衔接由新手阶段的缺乏过渡、生硬、死板,转变为可以根据学生的需求进行调整的灵活、丰富、多样的状态。但是,熟手教师一般没有将反思上升到理论层面的能力。熟手教师并不是教师发展的终点,有些熟手教师可以成长为专家型教师。(王添淼、任喆,2015)目前研究对专家型教师的界定较为模糊,选择标准相差较大。本研究对专家型教师的界定结合了教学经历、学生评估、同行声望等多种因素。

本章第一节是两位汉教硕新手教师的案例。一个是国内明德暑期项目实习教师的反思《在实践与反思中成长》;另一个是汉教硕海外教师志愿者的反思《海外中文教师养成四部曲》。

第二节是两位熟手教师的案例。两位教师教龄都在10年以上，来自国内著名高校，所在高校是国内6所首批对外汉语教学基地之一，每年的留学生人数位居国内前列。第一位教师的反思是《教师如何在反思中发展》；第二位教师的反思是《教学是一门遗憾的艺术》。

第三节是两位专家型教师的案例。两位教师都曾经被评为校级、市级或国家级名师，且都是研究生导师，出版过多本国际中文教材和专著，发表过多篇学术论文，在国内外参加过多场学术会议，进行过多次师资培训和讲学，教龄都已超过25年。两位教师的反思为《我的反思，我的行动研究》《当教师，教课，编书》。

个案研究属于质化研究，本研究尊重质化研究的伦理道德，秉持研究对象自愿参与原则，并与其建立相互信任的关系，保护其个人信息，研究对象提供的资料已获授权，用于本书。

1 新手教师反思成长个案

案例 1

在实践与反思中成长

作为一名新手教师，我的教学生涯才刚刚起步。

一、失与得

我所在的教学单位以"明德模式"教学闻名业界。众所周知，"明德模式"对教师的要求极其严格，在上岗前，会统一对新招聘的教师进行为期一周的高强度培训。

（一）必须端正态度，精心准备，认真总结

进行教学培训的目的是把课本所学专业基础知识与实践相结合，巩固专业理论，提升教学效果，培养发现、分析、解决问题的能力，更好地了解国际中文教学。所以我们必须首先端正态度，以积极热情、严肃认真的态度参加教学培训。

在教学培训中,我们需要进行集体试讲,为期两天,分为两轮进行。试讲需要模拟真实课堂情境,每位新教师都要根据所选年级的教材第一课中多个知识点进行为时十分钟的现场教学展示,其他受训教师和培训团队成员都会充当学生。教师展示结束后,培训团队会对其教学表现进行细致的点评。第二天的第二轮集体试讲,步骤与第一天相同,新教师被要求按照反馈意见修改第一天教学内容后再次登台试讲并接受点评。点评主要集中在以下五方面:一是课堂指示语,二是课堂提问用语,三是教师教态,四是课堂教学内容的安排与衔接,五是PPT及板书展示方式。第二天集体试讲结束后,培训团队会基于两天试讲中新教师的试讲表现和个人选择来分配岗位。

通过观察,我发现和我同属一所大学的同学学术科研能力普遍较强,和其他学校同专业的同学相比教学技巧明显较弱,尤其是我自己,和来自其他名校的学生差距显著。同事们的台风潇洒自如、流畅大气,明显进行了精心的准备。首次试讲让我深受打击,于是我在担心被解雇的惶恐中通宵修改试讲内容,次日终于过关。这次岗前培训让我吃一堑长一智,"选择你所爱的,爱你所选择的"。一名合格的教师必须要端正教学态度,不能心存侥幸。无论是过程中遇到的困难,还是身处其中的快乐和烦恼,都会让你成长。

(二)必须不断自我反思,在实践中成长

汉语教学过程中,同样需要做好学习与反思,不断自我反思,在实践中成长。

要认真备课。要在备课阶段领悟并明确教学实习的目的和意义,了解各阶段的实习内容及要求。除了之前学过的专业基础知识、教育教学理论等,也要提前做好教学实习工作计划。我们的课型分为大班课、小班课和单班课三种。学生每天需要完成10节大班课,10节小班课,并在下午接受不同教师的单班课个人辅导。大班课教师一般为哥伦比亚大学东亚系专职教师,小班与单班课则由项目负责人从北京、香港、西安等多所高校择优选拔出的研究生、少量本科生或教学经验丰富的专职语言教师组成。丰富的课型需要教师付出很多额外时间认真备课。

要听课观摩。要观摩熟手教师控制课堂节奏、导入句式、进行课堂提问以及对学生操练进行反馈的方法和技巧。这样的教学要求重在推动理念的学习,使所聘教师尽快接受该项目的教学模式与理念。在听课过程中,应虚心向各位教师请教,认真掌握教学知识,努力提高观察、分析和解决问题的能力。应尽量去多听各个不同水平班级、各种课型的课,在比较中分析熟手教师的教学方法和教学技巧。还应积极与留学生交流,耐心解答他们的问题。

二、苦与乐

我所在的教学单位分为四个年级:四年级水平最高,词汇量巨大,侧重近义词辨析和文化知识输入;三年级为中级;二年级次之;一年级水平最低,学生会说的只有"你好"和"谢谢",还不会写汉字。一年级是零基础班,而我光荣地成为零基础学生的中文老师。

教授零基础班的苦在于,教学是痛苦的,备课是很讲究的。第一个痛苦是,我的学生词汇量极小,要不断造句操练,重复上百遍,让他们熟悉学过的词。上课时必须对生词严防死守,否则学生提问的小手肯定举得此起彼伏。备课时要穷尽想象,把学生可能不懂、不会的都提前想到。第二个痛苦在于,其他学生都学简体字,但我们的学生要学繁体字。一年级的课本、作业、听写、教案全是繁体字,连上课的板书都要写繁体字。最怕上课时学生提问某个字怎么写,所以繁简字典在老师手机里是常备的,繁体输入法也是天天都要切换的。于是,老师和学生的口头禅都变成"宝宝心里苦""感觉身体被掏空""真的不能再爱了"。他们学网络语又快又好,还爱用我们的新一代"国粹"表情包。第三个痛苦在于,我的中文水平以肉眼可见的速度退化。夸人只能说"漂亮",夸事只会说"很好",否定只敢加个"不",批评只会说"不好"。形容词、副词储备量急剧减少,因为学生理解不了。其他年级用中文备课、中文授课、中文解惑,我们年级用英文备课、英文授课、英文解惑,老师们的专业英语词汇量集体光速提升。

在战胜许多难题的过程中,我也着实收获了很多,印象最为深刻的有三个方面:一是提高了沟通能力;二是提升了快速应变能力;三是掌握了一定的基本功。

三、冷与暖

零基础班学生什么都不会,要从拼音教起。主管老师对我们说,纠音是法宝。于是我以为,备课很容易,上课很简单,遇到不会的问题告诉他们发音错了就行了。天真的我,迅速被现实教育了。

第一次正式上课的前一晚,我备课到凌晨三点,对充实的教案充满自信,还加了几个搞笑段子准备在学生犯困时抛出去提神。当我愉快地教完例句,稍微变形后让他们排队造句时,我发现,坏了!内容超出难度了,高估学生的水平了。看着台下集体茫然的小眼神,此起彼伏地举起的小手,听着高射炮一样扫荡讲台的问题,我在台上宛如大脑死机的救火队长,内心"风在吼,马在叫,黄河在咆哮"。于是这堂课在一种尴尬而不失礼貌的气氛中,凝重而又庄严地结束了。课后很自然的,我被哥大主管老师教育得思考人生,再次准备发愤图强。

学生们非常关注考试分数,他们会计较是 92 还是 93 分,认为这很不一样。他们每天都活力无限早起晚睡。爬了一天长城,晚上还要去爵士酒吧开萨克斯演奏会,再去三里屯参加午夜场。他们上课造句时,能脱口而出的地名永远是"三里屯"和"五道口"。他们喜欢唱 K,喜欢和我合唱周华健的《朋友》,因为这歌词中好几个字都认识。他们喜欢听 S.H.E. 的《中国话》,因为绕口令很酷。红桥市场简直是他们的天堂,他们会手舞足蹈地和商贩讨价还价。他们最爱火锅,每周都要吃。最爱点香菜和红薯,把油豆皮叫 tofu skin。老师们因为疲劳而产生的痛苦,在他们中文水平指数级上升的安慰下,一点点变成了幸福感。

忘不了可爱的同事们。永远有颗美好少女心的 X 老师,傲娇的 Tiffany,开朗的 August,高冷反差萌的 Heather,还有中央空调成哥。暑期结束,情谊永存。

转眼便是离别。结课前夜,我们聚在公寓里,席地而坐围成一圈,边笑边唱《I will follow you into the dark》,人人互相依偎,眼眶温热潮湿。毕业晚会上,我们年级的掌声最热烈,笑容最不舍。

短暂的教学经历让我体会到了一名国际中文教师的成就感,同时也看到了这个职业所面临的挑战。国际中文教学固然很苦很累,但是学到了很多书本上没有的知识,是我们终身受用的财富,更有无数闪烁在回忆中的珍贵情谊,是漫长岁月中的情感宝藏。

案例 2
海外中文教师养成四部曲

一、背景:多元化的教学环境

我所在的孔院课型较为丰富,有标准汉语课(即综合课)、口语课、汉字课、HSK/HSKK考前强化班、一对一课程及少儿汉语课程,学生既有上班族,也有大中小学生。学生复杂的背景带给老师无穷无尽的问题。在我所负责的标准汉语课的班级中,本科专业与中文相关的学习者是较为积极主动的学习者,同时他们也会因为具备丰富的语言学知识而提出相当有难度的问题,经常希望我从语言对比的角度进行解答。这样的学生并不多,他们是课堂的推动器,但也最让新手老师头疼。此外相当一部分学生是因为兴趣或为工作考虑而报班学习的,由于生活或工作中的种种压力,学习汉语的有效时间并不多,课上基本能够认真听讲,但让他们在课下按时复习就可谓是奢求了。这一部分学生不会提出复杂的问题,但更需要老师设置多种多样的练习,重复、总结已学过的知识点。当课堂上同时出现这两种学生时,对教师平衡教学节奏的能力是一个很大的考验。在我第一年的教学中,我的语言能力尚不足以与学生顺畅沟通,这也成为教学中的一个障碍。尽管在课堂上可以更多地使用中文,但有时学生向我提问时我还是无法顺畅解答,这既影响学生的学习热情,也会令我对自己的专业素质产生怀疑。此外学院没有较为完备的帮助年轻教师成长的反馈机制,缺失教研机制,教师之间的交流更多散落于平时生活中,以非正式讨论为主,使教师们在面对全新的课程类型时产生较大的个人压力。

二、困难:海外新手教师的难题

在实际教学过程中,我所遇到的问题包括课堂上学生对词汇和语法的不解,练习与活动的选取等等,其实基本上是新手教师都会面临的问题,包括由此衍生的教师自我效能感、成就感等比较低的心理问题。孤悬海外的工作环境带来了网络不便、资料不齐全等问题,教师本身生活圈与工作圈重合,所能获得的社会支持也相当有限。

三、解决:在反思与实践的循环中成长

在这一过程中,我总结出了一个解决问题模式,即反馈与实践的循环,这是一个自我探索的过程,如图1所示:

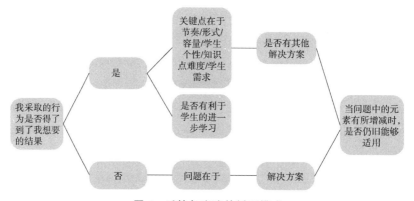

图1 反馈与实践的循环模式

这一模式的核心在于反思与实践的循环。思考的起点并不是在问题出现的那一刻,而是教师尝试解决问题之后。无论是课堂上急中生智,还是课下深思熟虑后采取措施,我都会在尝试解决之后进行思考,即我所采取的行为是否得到了想要的结果。对结果的考量应当慎重,有些方法或许可以使授课顺利完成,但究竟是否有利于学生的长期学习。在反思中最重要的是教师不欺骗自己,对自己诚实,因此教师应当不断拷问自己并真诚面对内心。有些方法一次两次救急

尚可,例如某些问题暂时混过去,学生兴致不高时看些视频,但是否能成为长期使用的方法?我所采取的方法关键点在哪里,起作用的原理是什么,当问题出现变化时是否还能使用,应当做哪些增减?重复几次上述过程,或许就能够发现一些自己惯用的方法,以及自己是否由于一些原因而刻意避开使用某些方法。是技能不过关,还是有知识盲点?这样的思考累积也可以考察自己在专业学习中逐渐形成的思维边界。

在自我思考后,还应当注重与他人的交流。交流分为固定的与流动的。固定的即是查阅相关文献、书籍,综合最新研究成果,其他级别、其他水平或其他国籍的学生是否出现过类似的状况,当时以此为内容开展研究的同仁是怎样考量的?流动的则是和其他老师的交流,在同一工作环境下的其他老师是否曾出现过同样的问题?他们是如何解决的?尤其是教过类似级别的熟手教师、专家型教师以及本土教师。教师发展阶段的不同可能导致教师们拥有不同的思维高度,而本土教师对学生母语的理解是我们不能相比的,他们从语言对比的角度或许会有新看法。在这样的交流之后,最初遇到的问题就不再是我们新手教师教学生涯中的障碍,而是开启宝藏的大门。这一过程最好发生在处于教学环境内外的学习共同体,如果没有则需要逐渐与其他教师形成相互讨论的习惯。教师不应该也不能成为一个孤立的职业,自我思考固然重要,但闭门造车很容易固步自封。

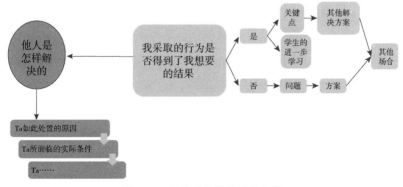

图 2　一名新手教师的反思路径

四、思考:解决问题的方法

解决问题的方法可依据问题的不同而改变,最重要的是拥有清晰的思路和开放的头脑,不断吸纳各种教学理论并化用到实际教学过程中。汉教硕的培养周期短暂,试图将所有的知识一股脑塞进学生的脑子里是不现实的,我们在研究生一二年级接受了许多理论和实践方面的教导(理论课程更多)。坦诚地讲,作为专业硕士的我对学术并没有那么大的野心,也曾经非常不理解在校时繁重的课业和严格的考核,认为不如多给学生一些时间进行教学实践,去多上几节课。但当我离开学生学习的环境,进入工作状态,才发现学校最为可贵的一点是,汉院的培养模式从头到尾贯穿了学术研究的意识,对身为专硕的我们而言,或许可以不对自己的学术成果做过高要求,但能够有机会掌握科学的科研方法,拥有科研视野,是我们在一线教学时的重要武器。相当多的人总是希望中文教师掌握的技能"多而泛",譬如画画最好会两笔,毛笔字也要写一写,中国结编一编,粽子裹一裹。我并不是说这些技能在教学中没用,相反,这些技能所体现的文化要素通常都能激起学生的兴趣。但当我们还是打磨中的素坯时,框出合适的形体或许比画出细部的花纹更加重要。

2 熟手教师反思成长个案

案例 1

教师如何在反思中发展

我们所熟知的课堂教学研究方法包括以下几种:教学日志、课程教学报告、调查和问卷、课堂录音或录像、行动研究。

有了方法作为工具,应该如何展开反思呢?结合我的经历,教学日志是一种很好的个体反思方式,可以记录某一节课上的突发情况,或者一个新的设计、灵感,有时候是课堂上教师的临时调整,这些都可以记录下来以备后续反思。也可以记录自己一节课教学后的感受,反思自己本次课的得失以及由此引发的问题等,这是一种便利且持久的探索过程。这种日志也可以由两人或多人合作,两人合作相对容易实行,可以在交流中收获更多,但要注意商定合作的计划和规则,以保障效用。

在反思课堂教学设计的过程中,我发现教材与教学目标之间的平衡经常被教师忽略。究其本质,我认为这是一个反映教材地位的问题。我们的教学目标是什么?是要提高学生的中文水平。教材是一个工具,是一个载体,但不是目标。所以,教师要敢于合理地使用和改变教材。比如拉长教学进度,对教材进行改编,降低难度,或者仅仅把教材中较难的课文作为泛读材料,教师自己再设计一些适合学生水平的内容。但是教师必须明确要教给学生什么,哪些是学生必须扎实掌握的。我不敢用"塑造"两个字,但至少教师的确是在用自己的智慧和劳动影响着学生的大脑。

纵观整个课堂教学设计研究领域,我们常常追求"有创新",但我认为"有质量"更重要。一个有质量的课堂活动需要精心设计,也需要调研,要在教学过程中不停地改进。我和我的同事常常这样合作:我设计一个教学活动,实行后写下教师笔记,记录得失,然后分享给她。她使用的时候根据自己的理解和教学情况加以修正,再次使用后,同样写下教学笔记,再分享给我。我在设计一个新的活动之后,都会及时写下一点心得。有时候就发在微信上,给自己提醒,也希望同行们共同讨论。课外语言任务活动是一个很好的形式,我曾经和同事讨论过这个问题,并都认为应该鼓励学生走出去。但是如果想让任务顺利进行并取得良好的效果,教师需要进行精心的设计,比如任务前的准备、任务后的总结等,初期最好还能有中国的助教加以协助。初级汉语阶段的学生语言水平有限,这种走出去的活动较少,中级水平以上的学生更加合适。

回忆了这么多,阐述了这么多自己的想法,其实我认为,"破"比"立"更重要,推陈才能出新,这里的"推陈"并不是单纯的创新,而是基于对课堂教学设计进行反思后的创新,在课堂设计的路上不断自我批评，进行多维度的反思，才能够更好地辅助教学，最终厚积薄发。

案例 2
教学是一门遗憾的艺术

作为一名有十二年教龄的教师，我觉得教学是一门遗憾的艺术，我们就是踩着自己的遗憾和错误前进的。

一、我的教学反思

提及课堂教学设计与反思，我深感亲切，虽然不能说是这个领域的专家，但我认为凭借自身的教学经验，还是可以有些建设性的意见和发言权的。我也愿意将自己的经验整理出来，以供同行批评和参考。

作为教师，从事教学活动，除了每天接触的学生以外，最亲切的要数那三尺讲台了，因为这是我一直想为之付出的课堂。接下来我就简单说说我在课堂教学设计中的体悟与反思吧。

（一）怎么教

所谓课堂教学设计是指教师在课堂教学的各个环节中，能够恰当、得体地设计并组织各种课堂活动，引导学生理解、掌握本节课的知识。这是很抽象、很官方的界定了，在其他学科看来稀松平常，但作为国际中文老师的我，却总被人问及这样的问题：为什么中国人教中文还要备课？教了这么多年为什么还要备课？这也引起了我的反思。我想，这不是"教什么"的问题，而是"怎么教"的问题。在"怎么教"这个问题上，永远没有止境。

那么，回归到本质问题，何为课堂教学设计？到底应该"怎么教"呢？我走马灯式地回顾了自己大大小小的课堂实践，发现确定教学目标，明确教学任务和教学重点、难点是关键，对教学内容有准确的认识和把握也非常重要。这里对于"把握"的定义是基于查阅至少三种工具书之后，才能够有一个较为全面的初步意识。

（二）如何教

接下来涉及课堂教学的微观层面。教师需要注意从语法、语义、语用几方面进行教学。语言教学的目标是培养学生的语言应用能力,不仅要知道"是什么",更要知道"怎么用""什么时候用"。教师要准确而恰当地创建典型情境,并设计类型多样、有效的练习,最后还要设计有意义的语言交际任务。让学生理解需要在什么样的情境下使用某个汉语知识,在什么样的上下文中使用它最合适,让学生真正学会"用"。所以,语言教学的终极目标在于一个"用"字。

既然明确了怎么教,那么如何进行汉语综合课课堂教学设计,便成为下一个困扰教师的问题。首先,根据学生的语言水平,讲解要适量、适度。需要注意的是,凡事都讲求过犹不及,教学也不例外。初期阶段需要注意结合学习者的偏误,分析原因,设计有针对性的练习。这要求教师学会划分教学中的主要矛盾和次要矛盾,并针对主要矛盾率先设计教学策略进行攻破。

其次,教学活动的设计要有趣、多样,不可千篇一律。结合教学内容,选择学生感兴趣的话题或结合学生身边的实际生活情况进行设计。注意加入适当的文化内容,使课堂活动的内容更为丰富、实用。其中需要注意的是,教学活动的设计要注意有层次性、整体性,由易到难,由简单到复杂,难度逐步提高,切记欲速则不达的道理。

以上介绍了我对于教学设计部分的思考,这里我还想阐述一下在课堂设计前教师应该完成的思考。最重要的是教师如何针对具体的教学情况选择合适的教学策略。根据自己的课堂教学经验,我认为可以分成两个方面来化解这一问题。一方面需要继承传统教学法,如精讲多练原则、以旧带新原则、交际性原则等,在教学设计时,特别注意环节的整体性、层次性和连贯性。这种设计能够减少课堂上教师输入和学生获得之间的误差或者距离,即最小化感知适配,提高课堂教学效率。另一方面需要吸收先进的学术研究理论,如本体研究、教学法研究等,并根据实际的教学情况,进行探索性的教学设计,选择或者创建适合本课的微观教学策略。

(三)教学案例展示

这样说可能过于抽象,我举一个案例,拿每节课的课前复习来

说,既要做到对前边所学知识的巩固,又要兼顾教学效率及趣味性,还要适合课堂教学。课堂教学过程如下:

导入:对教学内容的第一印象,引导学生初步理解所要学习的知识。

讲解:对知识点的梳理和明确。在对学习内容充分理解的基础上,用学生能够理解的语言或者方式讲解。

操练:是掌握知识点的有效方式。包括机械性操练、简单句型操练、复杂交际任务(综合)。

总结和归纳:加深并巩固所学内容。

其实,课堂教学设计可以细分为几个基本环节,比如语音、词汇、语法等。为了让叙述更饱满,我将引用一个案例来进行阐述,本案例是初级汉语综合课的课堂教学设计,重点展示词汇教学这个环节。

教学词汇:红色、白色、黄色、绿色、蓝色。

第一版

导入:PPT 左边展示裙子和大衣轮廓图片,无色。右侧逐一出现颜色水滴:红、白、黄、绿、蓝。教师指着 PPT 左边的裙子和大衣提问一个学生。

师:这是什么?

生:这是裙子。这是大衣。

师:(手指红色水滴)看,这是红色。

红色水滴旁边出现"红色"的汉字和拼音,领读两遍。以下"白色""黄色""绿色""蓝色"的引入步骤相同。"蓝色"之后,全班齐读五个词语一遍。

扩展:教师点击 PPT 上的红色水滴,水滴飞到裙子处,裙子染成红色。

师:现在裙子是——(提问一名学生,以下同)

生:红色。

师:对,红色的裙子,一条红色的裙子(PPT 上出现带圈的汉字"的")。

教师领读两遍,继续点击PPT上白色水滴,裙子染成白色。

师:现在这是——

生:白色的裙子。

师:对,一条白色的裙子。

教师领读两遍,继续点击PPT上黄色水滴,裙子染成黄色。

师:看,这是——

生:一条黄色的裙子。

初级教学中,我们常用生词扩展的方式来进行讲解。

教学内容是五个颜色词语。

"大衣""裙子"是前边刚学习的生词。放这里用于后面的扩展。

在初级汉语课堂中,教师用语应更简练。

"的"也是本节课的教学重点,在此处第一次出现,不讲解,只给例子,学生能够理解就好。

教师领读两遍,继续点击PPT上绿色水滴,大衣染成绿色。

师:这是——

生:绿色的大衣。

师:一件绿色的大衣。

教师领读两遍,继续点击PPT上蓝色水滴,大衣染成蓝色。

师:这是——

生:一件蓝色的大衣。

操练1,认读:教师领读两遍。图片、拼音隐去,进入认读页面2,教师先让学生齐读,然后提问三名学生认读。最后教师领读词组:一条红色的裙子,一条白色的裙子,一条黄色的裙子,一件绿色的大衣,一件蓝色的大衣。学生再次齐读一遍。

操练2,应用型练习:进入新PPT页面,衣柜里面有两条裙子和三件大衣,展示五秒钟后,画面消失,出现问题:衣柜里有什么?

学生快速回答。然后,PPT上再次出现刚才的图,师生看图修正答案。

总结和归纳:

师:我们再看一次,看看你说得对不对。衣柜里有什么?(要求学生齐答)

生:一条红色的裙子,一条黄色的裙子,一件蓝色的大衣,一件绿色的大衣,一件白色的大衣。

有过教学经验的老师都明白,初级阶段的练习设计要多样且有层次,第一个操练是机械性练习,相对容易,第二个应用型练习则要复杂一些,交际性更强,用语言去解决问题远比单纯学习语言的习得效率要高。针对以上的教学案例展示,我做了如下的反思:教师课堂用语虽然注意到简洁和变化,但仍有些复杂、啰唆。对初级阶段特别是词汇量只有一两百的学生,教师课堂用语的简练和准确尤为重要,在这一版教案中还需要改进。初级阶段的生词不需要过多讲解,只要合理的导入和恰当的扩展就够了,这是一种潜在的讲解,二者的衔接也非常重要,本教案设计注意到了这个方面。

在导入部分,首先出现"大衣"和"裙子",而使用却是在后面的扩展步骤中。这个地方感觉比较乱,并且容易模糊学习的焦点。对于颜色词语,导入后就直接扩展,这个过程有些突兀,应该有单纯的关于五个颜色词语的练习,帮助学生理解和巩固。扩展和操练时只用大衣和裙子这两个词,太过局限,应该结合前边学习过的生词,组合更多的搭配,如"红色的柜子""白色的电话"等。

那么下面来看第二版的课堂教学设计,能够很直观地发现其中的异同:

第二版

导入:PPT上逐一出现颜色圆圈:红、白、黄、蓝、绿。教师手指图形说。

师:红色。

教师用红色粉笔书写板书:红色。用手指教室内的红色事物。

PPT展示汉字、拼音。教师领读两遍。随机指两到三名学生朗读。

师:黄色。

教师用黄色粉笔书写板书:黄色。用手指教室内的黄色事物。

PPT展示汉字、拼音。教师领读两遍。随机指两到三名学生朗读。

师:白色。

教师用白色粉笔书写板书:白色。用手指教室内的白色事物。

PPT展示汉字、拼音。教师领读两遍。随机指两到三名学生朗读。

师:蓝色。

教师用蓝色粉笔书写板书:蓝色。用手指教室内的蓝色事物。

PPT展示汉字、拼音。教师领读两遍。随机指两到三名学生朗读。

师:绿色。

教师书写板书:绿色。用手指教室内的绿色事物。

纠音:绿,l+ǜ绿,不是u(示范圆唇,由i到ü),跟我读,绿,绿。

PPT展示汉字、拼音。教师领读两遍。随机指两到三名学生朗读。

师:这些都是颜色。

教师书写板书:颜色 yánsè。领读一遍。

看黑板的板书,全班学生再次齐读一遍这五个词语。

教师在第二版中每一步都让学生朗读,稍显啰唆。不过这里注意到了对初级学生进行纠音,是很关键的教学点。后来出于教学需要,增加补充词汇:颜色。并根据不同目的,采用多种读的方式。这个也是第二版的亮点,我们接着来看课堂展示。

扩展:PPT展示裙子的图片,点击红色圆圈,裙子染成红色。

师:裙子什么颜色?

生:红色。

师:对,红色,红色的裙子。

教师板书"的",PPT上出现带圈的汉字"的",教师领读一遍。

教师点击PPT上的黄色圆圈,裙子染成黄色。

师:现在,裙子什么颜色?

生:黄色,黄色的裙子。

教师领读一遍。教师点击PPT上的白色圆圈,裙子染成白色。

师:现在呢?

生:白色的裙子。

教师领读一遍。教师点击PPT,出现大衣图片,点击蓝色圆圈,大衣染成蓝色。

师:这是——

生:蓝色的大衣。

教师领读一遍。教师点击PPT上的绿色圆圈,大衣染成绿色。

师:现在呢?

生:绿色的大衣。

教师领读一遍。看板书,齐读颜色词语。

教师领读示范:红色,红色的裙子,一条红色的裙子。蓝色,蓝色的大衣,一件蓝色的大衣。

操练1,认读:提问六名学生按下面顺序朗读:红色,红色的裙子,一条红色的裙子;白色,白色的大衣,一件白色的大衣;蓝色,蓝色的裙子,一条蓝色的裙子;绿色,绿色的大衣,一件绿色的大衣;黄色,黄色的大衣,一件黄色的大衣;绿色,绿色的裙子,一条绿色的裙子。

从上述的展示中我们可以发现,教师语言比前一版简练且恰当,有一定的变化。课堂设计的精髓来自传统教学法,由词扩展到词组,强化音形义,同时有目的地对汉语语序进行潜移默化的教学。

纵观整个教学设计过程,何时练习、何时扩展是在设计时需要一直重点关注的问题。所谓瓜熟蒂落,在学生充分掌握了词的音形义之后再扩展,更符合认知规律。扩展的时候把前边学习的生词拿来进行练习,也强化了对这些生词的掌握,课堂效率得以提高。

针对以上简单的五个颜色词,本节课选择了多种教学策略,设计了不同的练习,目的是增强学生的参与度,提高学习效率。课堂上师生、生生同步性越强,学生的课堂参与度越高,学生的学习效率越好。

我通过上述材料展示了如何在教学过程中针对教学设计进行反思。在此次反思过程中我发现,现阶段的教学方式仍然是以教师为主导的输入式教学,课堂的教学步骤完全靠教师的掌控,学生处于被调配的地位。虽然在教学设计上注意到以学生为中心,尽量发挥学生的主动性,但是离真正的赋权给学生还有一定差距。传统的教学追求课堂设计得丝丝入扣、行云流水,但恰当的课堂留白是十分必要的,会给学生主动学习、思考的空间。下一步我要尝试如何真正地给学生赋权以及设计合理的课堂留白。

3 专家型教师反思成长个案

案例 1
我的反思,我的行动研究

作为一名已经从教三十年的老教师,回顾自己的教学历程,一路走来,有过迷茫,有过收获,有过倦怠,有过瓶颈期的无路可走,但是支撑我走下去并始终热爱自己所从事的领域的动力,除了对于本领域的热情之外,更多的是我的反思意识。正是基于每一次的深度自我剖析,加上反思之后基于实践的行动研究验证,我切身体会了专著中多次提及的"螺旋式上升"的含义。

反观我走过的"反思性""行动研究"之路,感慨良多,其中最值得一提的还是综合课反思性教学。

既然需要进行综合课反思性教学研究,概念界定则是研究的奠基石。什么是反思性教学,什么是反思,这些看似常识性的问题,重新引起了我的注意。

回到"故纸堆"中追根溯源,"反思"最初是在 20 世纪 80 年代由美国著名教育家、哲学家 Dewey 首次详细阐述的。他认为反思是一种特殊的探究性思维活动,其作为知识来源之一,起源于主体在活动情境过程中所产生的怀疑或困惑。在实践中,反思多作为一种引发有目的的探究行为和解决情境问题的有效手段。

在界定"反思性教学"概念时,我发现《第二语言课堂的反思性教学》一书中,对于"反思性教学"做了较为全面且权威性的概念界定。该书指出,通过反思,能够清楚认识语言教学的本质,提高教学水平,提高研究能力,最终取得教师发展的职业阶段性成就。成为反思型教师并不是一蹴而就的,而是需要从学习教学研究方法做起,因此该书把研究方法放在首位。所谓"工欲善其事,必先利其器",只有掌握好了研究方法,才能够使得教学反思真正接地气,具有实践性、可执行性的特点。

在拜读前人研究文献时,有一句话令我印象深刻,至今难以忘怀,"教学反思,永远在路上"。确实如此,结合我的教学经历,果真是教学不息,反思不止。研究边界之大,我们永远无法完全触及,只有在不断地自我剖析和自我批判之后,才能够推动自己前行。也正是因为研究的无边界,才令我如此着迷,并不断努力鞭策自己,最终成为一个合格的"反思型教师"。

回顾这一路走来的艰辛历程,我认为学习如何教学是一个贯穿于教师整个职业生涯的过程。所谓实践出真知,在教学过程中,我愈加认为反思性教学是教师发展的重要途径,教师发展的最终目标是成为一个优秀教师。教好书,育好人,这是教师的天职,任何时候开始反思性教学研究都是最好的时候,关键在于教师自己是否具有反思能力,是否具有极强的反思意识。

教学能力是教师的核心能力,这一点毋庸置疑。教学能力是教师的标志性特征,但教师不能只具备教学能力。教师具备相应的研究能力才是关键所在。但现实的情况却本末倒置,多数教师可能由于教学的压力,在研究能力上心有余而力不足。基于最近国内外提倡构建"研究型教师"和"专家型教师"体系的呼吁,我们需要对现实中的本末倒置进行纠正。

如何使研究能力和教学能力并行,我将自己查阅的理论和自身实践相结合后发现,教师首先需要建立自己的理论,认识语言教学的本质,明晰教师发展成功的关键,而这些都需要依靠反思性教学来实现。

反思性教学从来不是一件简单的事儿,它是一个过程,需要教师有极强的自我批判意识,能够自觉发现教学中的不足,确认问题并对其进行分析,随后制订计划;然后严格明晰计划流程,进一步实施计划;最终对收集来的结果进行多维度的效果评价和分析。

站在现在这个节点上,回顾一路走来的过程,我不能说自己是一个完全合格的反思型教师,但是对于反思性教学还是有一些想法和感悟的。我在尝试了多种反思性教学研究方法之后,认为最主要也是最有效的就是行动研究。其中包含了许多我们所熟知的研究手段,如日志、课程报告、观察、调查、访谈。因而行动研究作为一个螺旋上升式的混合式研究手段而被学界所熟知和使用,能够更好地协助我进行反思性教学。

我之所以如此重视反思性教学,是因为过去的教学更多从正面论述应该如何教,这确实关乎教学的最终效果,但这次我想关注教学的微观层面,重点谈谈教学中常常出现的问题。

我们过去对教学中出现的一些不良习惯大多习焉不察,认为这些问题不会影响教学效果,影响教师和学校的形象。其实如果我们静下心来进行一个多层面的剖析就会发现,问题往往源于对语言教学本质的理解。认清问题有益于教师发展。此所谓"摆问题,讲办法",即反思对教师发展更重要。这样直白的文字可能过于抽象,下面我将从自己的一个案例入手,更加具象化地论证我的上述观点。

想来还是2007年的时候,因机缘巧合,我得到了一个教小联合国班的宝贵机会,学生来自美国、英国、波兰、朝鲜、韩国、日本等。在上课前我对于课堂可能出现的情况做了部分预设,而后在真实课堂上,我发现欧美学生普遍活跃,日韩朝学生则稍显沉闷。我尝试过很多办法,无论是积极的启发暗示还是明文的规定都收效甚微,达不到预想的教学效果。起初我很痛苦,仿佛进入了所谓的"教学瓶颈期"。

我不愿甘于现状,很想改变这种情况,于是陷入了沉思。

我首先想到的是,这样的问题是不是只存在于我个人身上,又或是一个客观存在的现象。我明白自己需要进行问题的界定,因此我调查了同行的课堂情况,询问了有过不同班型受教育背景的学生,都证明确实存在这个问题,且很多班级历来如此。在明确了这是一个客观存在的问题之后,我便不再迷茫,有问题就有办法,只要对症下药,一定药到病除。

既然问题已经界定清楚,下一步就需要确定目标,即行动研究目标。我深知欲速则不达的道理,因此先设立了一个小目标,让日、韩、朝学生的课堂参与度达到全班平均水平。有了目标,我就开始进行"倒推式"计划。先分析现有日、韩、朝学生课堂参与度较低的原因,有如下 3 点:(1)学生怕说错;(2)师生都没关注"用中学"的学习策略;(3)教师放弃要求,听之任之,导致学生习惯成自然。随后针对这些问题,逐个击破,制定策略。针对怕说错的心理,我会尝试鼓励的教学方法来减轻学生的心理负担,降低内容难度,尝试搭建学习支架。针对不重视学习策略的,我采用各种途径提高学生的策略意识,通过示例的展示让其明晰策略的重要性。针对缺乏要求的,我会提出明确、严格的要求,并同时建立激励机制。根据以上逐个击破的行动策略,我制订了相应的行动计划,创造让学生非说不可的条件。以下几个方法,我这里拿出来和大家一起讨论。

在克服学生害怕说错方面,我规定每周一次讲演,每人发言 5 分钟,并严格执行。适度的压力能够激发潜能,因此为了让大家有一定的隐性压力竞争,每周演讲会占 4 课时,不说就只能听着。对于演讲的内容,为了鼓励学生参与,我会适当降低难度,让学生讲自己的故事、看法,说想说的话,说熟悉的内容。

在搭建学习支架方面,我的整体思路是内容由浅入深。先从简单的介绍开始,比如介绍一个人,在北京遇到的一件事,东西方婚姻观对话等。这里需要注意的是,要求学生每次充分酝酿准备。周一给题目,稍做讨论,布置写讲演稿;周二督促,答疑;周三收讲演稿、修改;周四发讲演稿、学生准备;周五进行最终的讲演。总体行动遵循由易到难的原则,允许念讲稿,可以平放讲稿,忘了可以看;也可以倒扣着讲稿,忘了翻过来看看;如果想挑战自己,那可以选择完全脱稿,着正装讲演。以上只是一周的行动计划,如将时间轴延长至一个学期,则安排如下:

第一、二周　自我介绍;念讲稿

第三、四周　汉语学习经历;可看讲稿

第四、五周　介绍一个人;倒扣着讲稿说

第五、六周　在北京遇到的一件有意思的事;最大限度地不看讲稿

第七周　结合课文,分组讨论各国的婚姻观,分工:记录、整理

第八周　各组汇报本组的观点,需要着正装讲演(板书、画图、带照片)。

最后我在学期末怀着忐忑不安的心进行效果验证,欣慰的是达到了自己的目标:日、韩、朝学生的参与度达到全班平均水平,其听说读写能力都得到了提高。他们的期末考试成绩未落后于平行班(每周少了4课时学习课本),与此同时提高了学生的策略意识。现在他们对汉语都更加敢说、想说、愿意说、争着说,教与学的氛围极佳,教师、学生都满意。这更令我意识到行动研究对于反思性教学的指导意义是无可替代的。

通过以上亲身经历并主导的案例,我发现行动研究除了对课堂本身质量有改善,对于教师个人的发展也极有意义。教师在其中提高了教学水平,深化了对语言教学的认识,对"用中学"教学原则的认识,对内容教学法"强调意义"的教学原则的认识。比起机械化地背诵、模仿课文,学生更愿意说心里话,有交流的欲望。同时,我也对支架教学这一抽象概念产生了更具体的认识。

在这次行动研究中,我的收获很大,发现自己原先在书面语对口语的促进作用方面的认识不够。以前担心这种练习挤占了学习课本的时间,会影响期末成绩,实际上不但没影响,还使二者互相促进,达

到了全面发展的目标,也提高了学生们的书面语表达能力。这让我再次对学生的学习潜力有了进一步认识,改变了我以往对日、韩、朝学生的刻板印象;同时也养成了身为教师的我严格自我要求,做到"言必信,行必果"的习惯。

在以上研究计划完成之后,我开始书写行动研究报告。以上的计划论述其实是介绍经验,以供同行批评和参考,提供报告则是为了将自己的研究形成一个能够积淀下来的研究成果。二者之间有质的不同,其中后者需要严格地遵循研究的过程和方法流程,最终取得比较具有理据性的研究成果。

其实一路走来,遇到的问题不止这些,我也犯过各种各样的错误。由此深知,改进教学、教师发展永远在路上。想要进步就要反思,建立反思意识,把反思作为一种自觉的行动,并关注反思行为的细节。

那么如何进行反思呢?我根据自己的心路历程,大致总结为以下两点:

第一,课后写反思,持之以恒,经常回头看,反思记录是进行叙事研究最好的素材;

第二,多给自己录音、录像,通过真实的记录分析学生的课堂表现,通过分析教学效果、考试成绩发现问题,并用行动研究的方法解决。

按照以上两步总结,对于课堂本身,能够提高教学效果,对学生负责;对于教师而言,能够提高对语言教学的认识,最终提高教学研究能力,使教师生涯得到长足发展,最终实现成为优秀国际中文教师的目标。我们可以构建一个研究共同体,将研究能力、教学能力和反思能力交织在一起,并行发展,在结合终身学习的理念的基础上,灌注反思性教学意识,最终促使教师实现研究型教师、专家型教师和反思型教师的职业目标。

案例 2
当教师，教课，编书

1984年7月14日，我到北京某高校报到；2015年初，从此大学退休。这30年都是在教书、编书中度过的。退休后，我编写出版了6本教材和2本词典。

回忆这些年的工作生涯，我常常为今生能从事国际中文教学而感到庆幸。

一、我的教学感悟

都说教学相长，确实是这样。在很多方面学生教育了我，感动了我，使我不敢懈怠，不敢不努力学习和工作，否则会觉得对不起自己的良心，对不起敬我、爱我的各国留学生。

刚入职时，我并不喜欢这个工作，甚至自以为是地认为干这一行屈才，总是想跳槽。后来经领导和老教师的开导和教诲，我才对这一职业有了更为深入的认识，也意识到了自己的浅薄和无知。

国家发展迅速，来华留学生越来越多，我逐渐对国际中文教师这一职业产生感情，甚至开始热爱教学，迷恋课堂。我越教越喜欢，越教越有经验。但同时我也感到越教越不会教了，最后，带着不少遗憾退休。

30年，眨眼间。

（一）我对课堂教学的感悟

对外汉语教学的课堂是以学生为中心的课堂。如果把课堂比作剧场，老师好像是导演，而学生是演员，两者相互配合，演出一场场生动有趣的话剧。同时，对外汉语教学课堂是以练为主而不是以讲为主的课堂，从教"a"开始，就应该一以贯之，引导学生操练听说读写的言语技能，而不是或主要不是讲解语言知识。听说读写这四个字，既是教学目标，又是教学行为和教学方法。对外汉语教学课堂既是充分调动学生积极性，使他们积极参与教学活动全过程的课堂，又是师生轻松愉快地双向互动，开展言语交际活动的课堂。这样的课堂不会让一个学生因为学习而感到焦虑、困惑、窘迫。这样的课堂充满阳光,这样的课堂令人神往,这样的课堂让学生永远难忘。

(二)我对课堂教学意识的感悟

教师应该有一些课堂教学意识,比如尊生重学,为学生服务的意识。我们的传统教育主张"尊师重教",这是不错的,但我认为,对外汉语教学更应该讲究"尊生重学"。尊生,就是尊重学生,关爱他们;重学,就是要研究学生学习和习得汉语的过程和规律。我教了一辈子,爱自己的学生,诚心诚意地为学生服务,我能做得到;但对外国学生到底是如何学习或习得汉语的,仍知之甚少。还要有平等意识,这也是学生教给我的。1987年,一个墨西哥女生,因为我没让她回答问题,竟哭了鼻子。我突然认识到,要一视同仁地对待每一个学生,无论黑白,无论男女,无论成绩好坏,一定要平等相待。学生可以偏爱自己喜欢的老师,但是作为老师,不能偏爱任何一个学生。另外,要有时效意识,要备好每一节课,上好每一节课,让学生每节课都学有所得。因为,一些学生,特别是西方国家的学生,为了来学习汉语而拼命打工挣钱,他们不容易。课堂教学还要有实践意识。我们常对学生说,要多听多说多读多写,我常鼓励学生,不怕说错,就怕不说,一次说错了,下次就会说了。这样可以消除他们的紧张和怯场,让他们轻松愉快地学。同时,作为老师,也要多实践、多上课。这个学科是实践性很强的学科,没有足够多的课堂教学实践,很难有所发现,有所提高。交际意识也是重要的。课堂上老师所教,学生所学的要能用于社会交际。即使造一个句子,也要让学生明其义、知其用,知道这个句子适用的语境。课堂设置的情境要让学生能理解、能介入。师生之间要经常有真实有效的言语交际。另外,还要有培养学生成才、助其成才的意识。这是我退休前两年多,教了高级班后才意识到的一点。学生满怀热望地到了我的门下,我就要对他负责,哪怕只教他一年半载,也要为他的一生考虑。课堂教学还需要终身学习的意识。学,然后知不足;教,然后知困。这是中国式反思性教学的理论根据。我们对客观世界的认识永远无法穷尽,要不断追求新知识、新方法，使自己在精神上永葆青春。因为自己先天不足，所以教了一辈子，学了一辈子。尽管很努力，但我对这个学科的认识，对自己所教母语的认识也还非常肤浅，至今也难以说出多少所以然来。比如，"了"的问题、"把字句"的问题甚至"不"和"没"的用法问题等等，更不要说更深的理论问题了。最后，要有研究意识。我认为，对外汉语教师应该成为对外汉语教学理论（包括汉语本体理论）研究的主体。

二、我的编书感悟

没有编过教材的朋友无法体会编写汉语教材的滋味。要完成一套系列教材(12本)，对我来说是个严峻的考验。至今想起，还觉得那是一段悲壮的历程。

以下是我的几点感悟：

第一，要有使命感，责任心。编教材要充分做好吃苦、受累、受委屈、受批判的思想准备。

第二，编写之前最好制定一个编写大纲。

第三，要做好全套教材的总体设计（适用对象、多少册、课数、使用时间等）。

第四，作为一套教材的主编，要统筹兼顾，为《阅读》《听力》《口语》等单项技能教材做好体例设计，在选材、编写以及如何与综合课配合等方面给予具体指导。

第五，对其他语种尤其是英语作为第二语言的教学法，要客观理性地对待。一方面要虚心学习和借鉴，另一方面也不要盲目追随。

下面，我还想谈谈编写中级教材的感悟。编写中级教材最难的可能不是编，而是课文选材，翻看十篇甚至几十篇文章，也不一定能找到一篇合用的。

选材标准有这样几条：

第一，要以叙述体为主，故事要好，情节要生动感人。因为二年级学生听说能力仍有待提高，叙述体课文有利于培养学生的成段表达能力。老师好教，学生好学。

第二，课文的语言要流畅，文字要优美。

第三，要认真地进行加工，不断地修改打磨。受中级阶段学生汉语水平所限，再好的素材，不修改也是不能用的。

第四，最重要的是，内容要体现真善美，体现人类共通情感，要让各国留学生乐于接受。尤其要注意的是，不要赶时髦、追潮流。教材有其固有的保守性、稳定性。一部教材从编写到出版，很不容易，要能保证用十年以上，不然就不算成功。

对外国留学生，我们的教材向他们传达的应该是美好的事物，要让他们从教材中受到教益，得到安慰，感到快乐；要让他们从中感受汉语之美、人性之美和学习汉语的乐趣，使他们觉得学汉语是自己人生的最佳选择，中国之行是人生中最美妙的经历，在中国生活和学习留下的是人生最美好的回忆；要让他们大都能成为对华友好人士，成为民间大使。这不仅有利于他们的成长，也有利于为我们国家的发展创造一个和平安宁的国际环境。

三、对中文教学的反思

（一）强调背诵

我主张学生多读课文，最少读十遍。我在罗马大学实验过，效果出奇的好。新东方的俞敏洪也主张背诵，他认为如果说学好一门外语有什么秘诀的话，那秘诀大概就是"背诵"。只有这样，才能学会、学好、学通。我在罗马大学时，他们是大班上课，四五十个学生一个阶梯教室。跟国内的情况完全不同，我就采用集体读、小组读、分组背，然后表演等方法。开始也有阻力，但我坚持下来了。背诵的花是苦的，但果实是甜的，学生最终会感谢老师。

（二）发音的纠正

发音的纠正比较难，所以我在编写的某本教材的序言里说，一开始就要抓紧语音语调的训练。语音的重要性怎么强调都不过分。当然，如果学生有志气，多跟中国人交谈、多练习，也会不断提高的。

（三）拼音教学存在的常见问题与改进建议

拼音的问题比较复杂，因为学生的母语背景不同，学习汉语拼音的难点也不一样。普遍的难点是 zh、ch、sh、r。比如日本学生不会发"r"这个音,就要先教"sh",这个对他们来说相对容易些,然后把"sh"浊化,"r"就发出来了。

(四)如何对待学习瓶颈

其实这是好现象。外语学习都会有一个所谓"高原区"或叫"高原期"的问题,使学习者感到困惑,觉得怎么也提升不上去了。这时,需要的就是坚持。我认为,要鼓励学生多阅读,扩大阅读量;多写作,提高写的能力。老师也要加强对他们阅读与写作能力的训练。我们国际中文教师,一届学生大都只教一年,顶多两年,初级班的老师往往没有丰富的读、写教学的经验。我有幸教过初级、中级和高级的外国学生,有一些体会,考虑得也比较多。所以,在初级阶段,即进入短文阶段后,就要求学生多读课外读物,要求他们写日记、周记或作文。只要学生写了给我,我就给他们改。没有大量的阅读和写作训练,学生不可能成为一个汉语人才,只掌握一些口语是不行的。

(五)语法讲解怎么才能生动有趣

我从来不主张讲解语法,而且课堂上也没有多少时间让老师讲解语法。讲解语法的任务已经由教材完成了,老师可要求学生预习。因为这也是给学生预习的内容。老师在课堂上要通过提问,跟学生对话,一边演示,一边示范,一边领说,或者是发出指令,让学生描述老师所演示的某个语法项目的句子(如"把字句")。这一教学行为和过程是师生间有意义的、有目的的交际行为,这既是讲又是练。需要注意的是,"听说读写"这四个字,既是我们汉语教学的目标(听说读写技能),又是我们的课堂教学行为。我们的语法教学只是课文或句子的结构支撑,是暗线;而我们教的是言语,是活生生的、有交际意义的句子,课堂上要充分调动学生的积极性,师生互动,互问互答,这样的课堂才是我们需要的课堂,也是学生喜欢的课堂。

四、当一个国际中文教师是幸福的

回顾当老师的经历,我的感悟是:

第一,我总提醒自己,站在三尺讲台上,我代表的是中国。

大家可能都有这样的体会,外国学生跟我们学了一年,可能不一定知道我们叫什么名字。要问他们:"你的老师是谁?"他们会说,是个男的,女的,老的或年轻的。明白点儿的,可能会说是王老师,张老师。名字呢?不知道。但是,他们一定知道,教他们中文的是个中国人。面对世界各国的留学生,我们的责任之大,使命之重,不言而喻。

第二,什么职业都有道与术之分。

怎么教汉语,采用什么教学法,说到底,这只是术,而怎么做人,怎么当个好老师,怎么教书育人则是道。古训说,教学相长。我和留学生之间就是教学相长的关系。不错,我是他们的老师,但留学生也教我怎么做个好老师。大多数外国学生热爱中国,喜欢学习中文,他们阳光、开朗、文明有礼、尊敬师长、刻苦好学、诚实守信。同学们的言行举止和优秀品质,也影响着我,给我以教益,使我在与他们的相处中受到启发、受到鼓励,从而不断地反省自己,不断努力地提高自己,学着做他们的好朋友、好老师。我也学着以一个中国教师的人格魅力去感召他们,影响他们,通过教中文,去塑造一个个高尚的灵魂,为他们的家庭,为他们国家,为这个世界培养出优秀的人才。

第三,只要真心地关爱学生,乐于为学生付出,得到的就是快乐和幸福。

我总想,来华留学生大都是十八九岁的青年,在人生这一最美好的年龄段,他们带着向往,离开家乡,告别亲人和朋友,不远万里,来到我们身旁。刚来时,语言不通,举目无亲,在他们心目中,老师是最可信赖的,所以我一定不能辜负他们。要真心爱他们,使他们在我们身边感受到温暖。比如,教"祝你生日快乐"这一课,我会把全班同学的生日和生肖都记下来,每到某个同学的生日,我都会和全班同学一起,为他举办一个生动活泼的生日晚会。

总之,教学三十年,我是幸福的!

4　国际中文教师专业发展规律与启示

> 我们都必须选择成为学习者，对永远无法完全了解的世界表现出开放的姿态，愿意在"现实面前"生活。从客观上看，我们本质上或许只不过是一粒"尘埃"。但是，我们可以做出选择，有时也可以做出改变。
>
> ——Maxine Greene

优秀的熟手教师"熟"在哪里？专家型教师"专"在哪里？从他们的专业发展历程来看，反思、执着、勤奋、智慧、奉献、行动是其重要品质。他们有教育的理想和教育的思想，有教育的技术和教育的艺术，有个性化的教风和学风，有自成一家的实践和理论。本节结合前述美国、欧洲二语教师和国际中文教师专业发展模式，以及新手、熟手和专家型教师的个案分析总结国际中文教师专业发展的规律与启示。

4.1　优秀国际中文教师专业发展的基本阶段及特征

从优秀教师专业发展历程的研究可以发现，一般教师发展与优秀教师发展的不同主要在于后期阶段，一般教师可能只是教学娴熟的"教书匠"，而优秀教师会由娴熟的教学能手进一步发展成为反思型、学习型、研究型的专家型教师，也就是优秀教师一般经历以下四个发展阶段：初入职教师——合格教师——教育教学能手——专家型教师。

4.1.1　初入职教师——适应阶段

这个阶段会实现由学生向教师角色的转变。在入职初期，教师的职业信念与现实是冲突的，要在教学过程中逐渐认同教师的职业责任。在适应阶段，教师的知识是零碎的、孤立的，不能有效地进行注意、决策和评价，需要逐渐熟悉备课、上课、辅导、批改作业、考试测验等教学常规性工作。通过课堂教学，不断地把教学知识转化为教学能力，初上讲台的恐慌心理也会逐渐消失。

"师徒制"至今仍存在于许多学校对新教师的培养过程中，在一对一的交流中,新教师得以获取最贴近实践的教学知识,从而迅速成长。一对优秀的师徒往往会传为佳话。反思"师徒制",我们认为这种模式依然是手工业经济方式下的技艺模式在教师教育上的延伸,其实只是把教师职业视为一门手艺,需要师徒之间个别化地口耳相传,言传身教。确实,教师的工作存在许多技艺性的经验,至今仍是许多老教师、名教师成功的法宝,优秀教师的许多缄默性知识靠"师徒制"实现有效传递。但是,国际中文教育毕竟是一门科学,需要更多理性的反思。师父在灌输个人化经验的同时也可能制约徒弟的思考,这就要求师父在带徒弟时,尊重徒弟的一些想法和看法,给徒弟更多的空间和自主权,给予更多的指点和引导,以反思模式为主,技艺模式和应用科学模式为辅。

4.1.2 合格教师——练就教学基本功阶段

这个阶段实现新手教师向合格教师的转变,教师的职业信念变得深刻而稳定。在此阶段中,教师会练就过硬的教学基本功和能力:备课、上课、批改、辅导、测验等常规基本功;处理重点、难点等课堂教学基本功;分析和了解学生、管理学生的基本能力;教学事件的模式识别能力和独立的教育实践能力,成为能够胜任学科教学的教师。合格教师一般具备坚实的学科知识、必要的教育知识和良好的师德修养,掌握教育的基本方法和技能、对所教的年龄层次学生的身心特征有足够的了解。

4.1.3 教育教学能手——娴熟、优异的教学技能

被称为教育教学能手的教师在课堂上不仅具有娴熟的教学基本功,而且一般具有一流的教学能力。他们能从一般教师察觉不到的事件中发现问题,形成了直觉或者"知道怎样做"的知识,即在具体的教育教学情境中,能根据实际情况合理地组织教学内容与教学过程,灵活地采用多种新的教学方式方法。他们具有整体相似性的识别能力,这是一种无需分解组成部分的特征就能识别出各种规律的直觉能力。(Dreyfus et al., 1987)他们对学科教学具有独特见解和创新性,初步形成了独特的教学思想与特色。

4.1.4 专家型教师——在某一方面有自己的专长

专家型教师是优秀教师的高级层次,是具有一流教学能力教师的进

一步发展,主要指在学科教学或学术研究领域有专长的教师。在教学方面,专家型教师教育教学风格突出,并富有创见性,在日常教学中会表现出熟手教师的认知特点,但在解决教学疑难问题时能够进行彻底、系统地分析,形成各种可能的问题假设和解决办法,表现出独有的元认知过程。他们在研究方面的水平接近某一领域的专业研究人员。此阶段的教师熟知不同阶段的教学和学生的特点,能够为学生设定学习目标,并挖掘其潜力,更好地维护和推动学生的学习活动。这些教师因具有较强的教学和科研能力,以及学科指导能力,常被评为学校、市级、省部级或国家级的教学专家或学科带头人。

4.2 优秀国际中文教师专业发展的基本规律

从20世纪60年代至今,教师专业发展经历了教师专业主义和教师发展主义两种思潮。教师专业主义强调教师的专业化,主要是理智取向的教师专业发展,强调教师群体的、外在性的提升;教师发展主义强调教师个体的、内在性的提升,主要是实践—反思的教师专业发展,关注于"教师实际知道些什么"而非"什么样的知识对于教学是必要的",一方面突出"实践"的重要性,另一方面关注于促进教师"反思"的方法和途径。教师发展主义思潮逐渐成为教师专业发展研究的新焦点。(王添淼,2020)

教师专业发展是教师专业理想的创建、专业知识的拓展和教育能力的发展,是一个不断追求自我完善的专业发展过程。教师的专业发展虽然在很大程度上受到外部因素的影响,但更重要的是教师发挥主观能动性的自我更新,是通过不懈奋斗和努力进取实现专业理想和生命价值的过程。国际中文教师的成功经验具有相通之处。具体而言包括以下四个方面:

第一,成为反思型教师。所谓反思型教师就是能够以自身的观念与教育教学实践活动中出现的疑惑和困境为对象,理性地审视、分析、控制和调节教育教学的全过程,积极改进自己的教育教学行为,主动承担专业发展的责任与义务,进而促进自主发展的教师。我们发现无论是新手还是专家型国际中文教师,都意识到了反思的重要作用,提出了"教师在反思中发展""反思永远在路上""不断反思中的行动研究"等观点,这反映出教师们在反思中不断成长。

第二,教育教学过程中实践性知识的生成。一名优秀的国际中文教师应该具备两方面的知识。一是教什么,即教师所具有的学科知识,称为专业知识或本体性知识,如汉语本体知识、文化和跨文化交往知识等。二是怎么教,包括条件性知识和实践性知识。条件性知识即教育学和心理学知识;实践性知识指关于课堂情境和与之相关的知识,是教师在实践中获得的知识,难以复制、表达和讲授,只能在教育教学实践过程中完善和发展,具有复杂性、不确定性、个体性、情境性和整体性。专家型教师之所以在同等的发展时间和发展条件下成长得更快,主要在于对先进理论和思想的学习与吸收,且理论与实践经验相结合,把感性的经验生成为理性的知识,即实践性知识。实践性知识的生成是教师专业理想、技能和情感不断成熟与创新的过程。实践性知识是教师教育教学应该真正信奉的理论。

第三,成为学习型教师。从新手到专家型教师的成长凸显了教师学习能力的重要性。国际中文教师要想成为教的专家首先要成为学的专家,教学能力的提升是学—教—学的连续的、循环的、呈螺旋式递进的过程。首先,要由被动学习变主动学习。美国教育学家 Knowles 通过对成人学习的研究,指出成人学习的最大特点是自我指导性学习。(Knowles,1975)教师学习是成人学习的一种,必然要遵循成人学习的规律。其次,要由短期学习变为终身学习。"一朝受教,终身受用"的时代早已过去。国际中文教师教育情境的复杂性更是要求教师要不断接受新知识和增长自己的专业知能。再次,要由工具性学习变为反思性学习。教育对象不是简单的机器或零件,而是富有感情和思想的人,学生在变、教师在变、氛围在变、时间在变,指导教师和专家的方法在具体的教育情境中会不适用和不好用,需要的是教师的即时性决策和教育机智,也就是教师娴熟地、综合地运用各种教育手段的能力,通过反思弥补理论与实践的脱离。(王添淼,2021)

第四,重视教学和科学研究。专家型教师的成长不仅是教学水平的提升,更要注重教学科研,成为研究型教师。科学研究对教师成长和发展具有重要意义。作为一线教师,如果没有对教学的关注和对教学的研究,没有教学的创新思维和实践,没有科学研究的素质,也就不可能产出优秀的科研成果。正如崔希亮(2013)和李泉、关蕾(2019)所述,汉语教师应该成为匠人和学者:在课堂上应该努力成为一个优秀的匠人,在课堂之外应该努力成为一名优秀的学者。好的语言教师必须成为学者,或者说必须具有学术自觉。

参考文献

陈　琦,刘儒德.当代教育心理学[M].北京:北京师范大学出版社,2007.

陈香琴.英国诺丁汉郡新教师入职指导制度初探[J].基础教育参考,2010(11):25—29.

陈向明.理论在教师专业发展中的作用[J].北京大学教育评论,2008a(1):39—50.

陈向明.从"范式"的视角看质的研究之定位[J].教育研究,2008b(5):30—35.

陈向明,王红艳.从实践性知识的角度看教师的知识分子属性[J].全球教育展望,2010(1):51—56.

程裕祯.对外汉语教学发展史(2)[J].国际汉语教学动态与研究,2005(3):63—68.

崔希亮.说汉语教师的学术自觉[J].世界汉语教学,2013(4):523—536.

崔永华.教师行动研究和对外汉语教学[J].世界汉语教学,2004(3):89—95.

邓　涛,鲍传友.教师文化的重新理解与建构——哈格里夫斯的教师文化观述评[J].外国教育研究,2005(8):6—10.

冯翠典.联合国教科文组织指向未来的课程、素养及其实现的"三部曲"[J].全球教育展望,2021(4):3—15.

冯　钢.责任伦理与信念伦理:韦伯伦理思想中的康德主义[J].社会学研究,2001(4):32—38.

傅　敏,田慧生.教育叙事研究:本质、特征与方法[J].教育研究,2008(5):36—40.

甘正东.反思性教学:外语教师自身发展的有效途径[J].外语界,2000(4):12—16.

高　翔,王　蔷.反思性教学:促进外语教师自身发展的有效途径[J].外语教学,2003(2):87-90.

高旭阳.英语教师培训档案袋的设计[J].上海教育科研,2006(2):67-69.

侯　颖.对外汉语教师资格制度的回顾与前瞻[J].语言教学与研究,2012(6):36-42.

胡伯特·埃特尔,喻　恺.欧盟的教育与培训政策:五十年发展综述[J].教育学报,2009(1):113-121.

胡文仲.关于我国外语教育规划的思考[J].外语教学与研究,2011(1):130-136.

黄淑艳.美国教师档案袋评价研究[D].东北师范大学硕士学位论文,2010.

黄子怡.美国新英格兰中文专业教师协会组织教师研习[J].海外华文教育动态,2011(6):52-53.

贾爱武.美国外语教师教育及专业资格标准政策研究[J].外语界,2006(2):41-46.

姜　娜,许　明.教师专业成长的重要途径——英国新教师入职培训制度概述[J].教育科学,2002(4):54-58.

江山野主编译.简明国际教育百科全书 课程[M].北京:教育科学出版社,1991.

教育部师范教育司编.教师专业化的理论与实践[M].北京:人民教育出版社,2003.

杰夫·维替,刘邦祥.职业自我管理、国家控制抑或其它——试论英国教师教育的改革措施[J].教师教育研究,2004(3):68-72.

杰克·克罗夫特·理查兹,查尔斯·洛克哈特.第二语言课堂的反思性教学[M].王添森译.北京:北京语言大学出版社,2017.

孔子学院总部编制.《国际汉语教师证书》考试大纲解析[M].北京:人民教育出版社,2015.

蓝　曦.教师资格认证:档案袋评价与教育实习相结合[J].中国考试,2013(4):44-48.

李　梅主编.教育心理学[M].南京:江苏教育出版社,2008.

李　泉.国际汉语教师培养规格问题探讨[J].华文教学与研究,2012(1):51-59.

李　泉,关　蕾.对外汉语教学:教师、匠人、学者[J].国际汉语教育(中英文),2019(1):19-27.

连　榕.新手—熟手—专家型教师心理特征的比较[J].心理学报,2004(1):44-52.

林凯华,孙曼丽.美国优秀外语教师档案袋评价及其启示[J].教育测量与评价,2011(4):17-20.

刘冬梅.思考与借鉴:美国教学档案袋评定[J].当代教育论坛,2005(9):126-128.

刘　珣.对外汉语教育学引论[M].北京:北京语言文化大学出版社,2000.

刘宗南主编.微格教学概论[M].天津:天津大学出版社,2011.

卢丽华,周　明.如何促进初任教师的专业发展——英国初任教师入职引导评价与启示[J].河北师范大学学报(教育科学版),2008(5):71－73.

罗华玲.美国教师专业发展学校的组织管理模式、实施主体及特点研究[M]//云南省高等教育学会编.云南高教论坛(第五辑).昆明:云南大学出版社,2006:245－252.

马海涛.美国教师教学档案袋评价的研究[D].华东师范大学硕士学位论文,2003.

马箭飞.强化标准建设,提高教育质量——国际中文教育标准与考试研讨会大会致辞[J].国际汉语教学研究,2021(1):4－5.

苗学杰,秦　妍.欧盟教师核心素养框架及其培育路径探析[J].外国教育研究,2020(7):18－30.

欧洲理事会文化合作教育委员会编.欧洲语言共同参考框架:学习、教学、评估[M].刘骏,傅荣主译.北京:外语教学与研究出版社,2008.

潘若芸.在美国中学教汉语[J].语文学刊,2011(5):114－116.

彭伟强,叶维权.欧洲外语教师教育现状与改革动向[J].外语界,2006(2):47－52.

皮埃尔·布迪厄,华康德.实践与反思——反思社会学导引[M].李猛,李康译.北京:中央编译出版社,1998.

钱　扑,孙小红.美国新教师入职中的带教——学徒制及相关研究[J].外国中小学教育,2005(11):22－25.

秦立霞.美国教师资格认证制度及其效应研究[D].陕西师范大学博士学位论文,2008.

秦志宁.培养美国汉语教师途径的特殊性与挑战[M]//姜明宝主编.汉语国际教育人才培养现状与对策.北京:北京语言大学出版社,2013:29－40.

曲铁华,冯　茁,陈瑞武.教师专业发展与高等师范院校课程改革[J].教育研究,2007(9):71－76.

单中惠主编.教师专业发展的国际比较[M].北京:教育科学出版社,2010.

邵　滨,邵　辉.新旧《国际汉语教师标准》对比分析[J].云南师范大学学报(对外汉语教学与研究版),2013(3):31－36.

石少岩,丁邦平.试论英国教师专业发展的理念、现状与变革[J].外国教育研究,2007(7):29－32.

孙德金.教育叙事研究与对外汉语教师发展——《北京语言大学对外汉语教学名师访谈录》编后[J].世界汉语教学,2010(3):383－393.

孙智慧,孙泽文.论教育叙事研究的内涵、结构及环节[J].教育评论,2018(2):36－39.

王斌华.教师评价:绩效管理与专业发展[M].上海:上海教育出版社,2005.

王初明.外语学习中的认知和情感需要[J].外语界,1991(4):7－11.

王添淼.成为反思性实践者——由《国际汉语教师标准》引发的思考[J].语言教学与研究,2010(2):25—30.

王添淼.《欧洲语言共同参考框架:学习、教学、评估》评析[J].海外华文教育,2012(2):158—162.

王添淼."实然"的声音——对外汉语教师课堂交际研究[M].北京:北京语言大学出版社,2014.

王添淼.国际汉语教师专业发展现状及其对策[J].东北师大学报(哲学社会科学版),2015a(2):229—231.

王添淼.国际汉语教师行动研究现状、问题与对策[J].汉语学习,2015b(5):85—90.

王添淼.教师教育与专业发展[J].国际汉语教育(中英文),2019(1):18.

王添淼.国际中文教师专业发展[J].云南师范大学学报(对外汉语教学与研究版),2020(5):1.

王添淼.国际中文教师教学能力再探——成为"学的专家"[J].东北师大学报(哲学社会科学版),2021(6):150—155.

王添淼.欧洲二语教师专业发展历史演进及启示[J].云南师范大学学报(对外汉语教学与研究版),2022(4):39—47.

王添淼,方旭,付璐璐.美国二语教师专业发展有效途径及启示[J].云南师范大学学报(对外汉语教学与研究版),2014(1):15—21.

王添淼,李伟言.美国K-12教育中国家外语教育目标述评[J].外国教育研究,2006(11):76—80.

王添淼,林楠.关于建立国际汉语教师档案袋评价体系的思考——基于美国的经验[J].东北师大学报(哲学社会科学版),2016(1):124—129.

王添淼,刘薇,赵杨.欧洲《教师语言教育能力指南》及对国际中文教师标准的启示[J].汉语学习,2022(1):77—84.

王添淼,裴伯杰.汉语慕课课程个案研究[J].民族教育研究,2016(2):128—132.

王添淼,任喆.国际汉语新手、熟手、专家教师比较研究述评[J].云南师范大学学报(对外汉语教学与研究版),2015(3):38—44.

王添淼,史洪阳.构建国际汉语教师资格认证制度——基于美国的经验[J].语言教学与研究,2016(1):32—39.

王添淼,杨灿.国际汉语教师专业发展的人文关怀与制度保障——基于英国教师入职教育的经验与启示[J].国际汉语教学研究,2016(1):88—93.

王添淼,张越.慕课教学中教师角色转换的叙事研究[J].课程.教材.教法,2017

(3):110—115.

魏志春,季磊.美国教师档案袋应用实践及其启示[J].外国中小学教育,2007(8):36—40.

夏征农主编.辞海[M].上海:上海辞书出版社,1999.

项茂英.情感因素对大学英语教学的影响——理论与实证研究[J].外语与外语教学,2003(3):23—26.

熊川武.论反思性教学[J].教育研究,2002(7):12—17.

叶澜,白益民,王枬,陶志琼.教师角色与教师发展新探[M].北京:教育科学出版社,2001.

叶子,庞丽娟.师生互动的本质与特征[J].教育研究,2001(4):30—34.

尹弘飚.教育实证研究的一般路径:以教师情绪劳动研究为例[J].华东师范大学学报(教育科学版),2017(3):47—56.

余源晶,洪明.英国推进教师早期专业发展的新举措——"入职档案"和"入职与发展档案"制度述评[J].教师教育研究,2004(6):75—80.

张民选.回应、协商与共同建构——"第四代评价理论"评述[J].外国教育资料,1995(3):53—59.

张善鑫,何雪琴.欧洲 CLIL 教师教育框架与培养模式及其启示[J].民族高等教育研究,2019(2):70—75.

张寻.欧洲语言教职课程学生档案袋(EPOSTL)对职前国际汉语教师培养的启示[C].第八届北京地区对外汉语教学研究生论坛文集上,2015:273—279.

中国社会科学院语言研究所词典编辑室编.现代汉语词典(2002年增补本)[M].北京:商务印书馆,2002.

周成海.教师的教学专业成长历程:一项自我研究[J].教师教育研究,2009(4):44—48.

朱勇,郭芳菲.华北协和语言学校:民国时期对外汉语教学的奇葩[J].人文丛刊,2009(4):193—201.

Akbari, R. Reflections on Reflection: A Critical Appraisal of Reflective Practices in L2 Teacher Education[J]. *System*, 2007(35):192—207.

Akin, J. M. Research Styles in Science Education[J]. *Journal of Research in Science Teaching*, 1967(5):338—345.

Bailey, K. M., Bregthold, B., Braunstein, B., Fleischman, N. J., Holbrook, M. P., Tuman, J., Waissbluth, X., Zambo, L. J. The Language Learner's Autobiography:

Examining the "Apprenticeship of Observation"[M]. // Freeman Donald & Richards Jack C. (eds.). *Teacher Learning in Language Teaching*. New York: Cambridge University Press, 1996:11—29.

Bartlett, L. Teacher Development through Reflective Teaching [M].//Richards Jack C. & Nunan David(eds.). *Second Language Teacher Education*. Cambridge: Cambridge Uriversity Press, 1990: 202—214.

Barton, J. & Collins, A. *Portfolio Assessment: A Handbook for Educators. Assessment Bookshelf Series*[M]. Palo Alto: Dale Seymour Publications, 1997.

Burke, A. Professionalism: Its Relevance for Teachers and Teacher Educators in Developing Countries[J]. *Prospects*, 1996 (3): 531—542.

Burke, P. J. *Teacher Development*[M]. New York: The Falmer Press, 1987.

Calderhead, J. & Gates, P. *Conceptualising Reflection in Teacher Development* [M]. London; New York: Routledge, 2003.

Campbell, D. M., Cignetti, P. B., Melenyzer, B. J., Nettles, D. H., Wyman, R. M. *How to Develop a Professional Fortfolio: A Manual for Teachers*[M]. Boston: Allyn Bacon, 2001.

Dam, L. *Learner Autonomy 3: From Theory to Classroom Practice*[M]. Dublin: Authentik,1995.

Dreyfus, H. L., Dreyfus, S. E., Zadeh, L. A. Mind Over Machine: The Power of Human Intuition and Expertise in the Era of the Computer[J]. *IEEE Expert*, 1987 (2):110—111.

Freeman, S. A. What Constitutes a Well-trained Modern Language Teacher? [J]. *The Modern Language Journal*, 1941(4): 293—305.

Freeman, S. A. What about the Teacher? [J]. *The Modern Language Journal*, 1949 (4): 255—267.

Galluzzo, G. R. Performance Assessment and Renewing Teacher Education The Possibilities of the NBPTS Standards[J]. *The Clearing House*, 2005 (4): 142—145.

Hargreaves, A. The Emotional Practice of Teaching[J]. *Teaching and Teacher Education*, 1998(8): 835—854.

Hollins, E. R., McIntyre L. R., DeBose, C., Hollins, K. S. Promoting a Self-Sustaining Learning Community: Investigating an Internal Model for Teacher

Development[J]. *International Journal of Qualitative Studies in Education*, 2004 (2): 247−264.

Holly, M. L. Teacher Professional Development: Perceptions and Practices in the USA and England[J]. *Perspectives on Teacher Professional Development*, 1989 (11): 173−203.

Holmes Group. *Tomorrow's Teachers: A Report of the Holmes Group*[M]. East Lansing: Holmes Group, InC., 1986.

Kaufman, D. Constructivist-based Experiential Learning in Teacher Education[J]. *Action in Teacher Education*, 1996 (2): 40−50.

Knowles, M. S. Self-Directed Learning: A Guide for Learners and Teachers[J]. *Journal of Continuing Education in Nursing*, 1975(3):60.

Labaree, D. Power, Knowledge, and the Rationalization of Teaching: A Genealogy of the Movement to Professionalize Teaching[J]. *Harvard Educational Review*, 1992(2): 123−155.

Lewin, K. Action Research and Minority Problems[J]. *Journal of Social Issues*, 1946 (4): 34−46.

Lieberman, A. & Miller, L. *Teachers-transforming Their World and Their Work* [M]. New York: Teachers College Press, 1999.

Marlow, M. P., Kyed, S., Conners, S. Collegiality, Collaboration and Kuleana: Complexity in a Professional Development School[J]. *Education*, 2005 (4): 557−568.

Newby, D., Allan, R., Fenner, A., Jones, B., Komorowska, H., Soghikyan, K. *European Portfolio for Student Teacher of Languages: A Reflection Tool for Language Teacher Education*[M]. Strasbourg: Council of Europe, 2007.

Osterman, K. F. & Kottkamp, R. B. *Reflective Practice for Educators: Improving Schooling through Professional Development*[M]. California: Corwin Press, 1993.

Perry, P. Professional Development: The Inspectorate in England and Wales[M].// Hoyle Eric & Megarry Jacquetta (eds.). *World Yearbook of Education* 1980: *Professional Development of Teachers*. London:Kogan Page, 1980: 143−145.

Posner, G. J. *Field Experience: Methods of Reflective Teaching*[M]. New York: Longman, 1989.

Posner, G. J. *Field Experience: A Guide to Reflective Teaching* [M]. Boston: Allyn &

Bacon, 2005.

Richards, J. C. 30 Years of TEFL/TESL: A Personal Reflection[J]. *Teflin Journal*, 2003 (1): 14—57.

Robert, S. M. & Pruitt, E. Z. *Schools as Professional Learning Communities: Collaborative Activities and Strategies for Professional Development* [M]. Thousand Oaks: Corwin Press, 2008.

Schön, D. A. *The Reflective Practitioner: How Professionals Think in Action*[M]. New York: Basic Books, Inc. ,1983.

Spolsky, B. The Scope of Educational Linguistics[M]. // Kaplan, R. B. (ed.). *On the Scope of Applied Linguistics*. Rowely, Mass: Newbury House, 1980:67—73.

Stern, H. H. *Fundamental Concepts of Language Teaching*[M]. Oxford: Oxford University Press, 1983.

Susman, G. I. & Evered, R. D. An Assessment of the Scientific Merits of Action Research[J]. *Administrative Science Quarterly*, 1978(23): 582—603.

Villar, L. M. Teaching: Reflective, from T. Husen et al[J]. *The International Encyclopedia of Education*, 1994: 6215.

Wallace, M. J. *Training Foreign Language Teachers: A Reflective Approach*[M]. Cambridge: Cambridge University Press, 1991.

Winter, R. Teacher Appraisal and the Development of Professional Knowledge [M].//Carr Wilfred (ed.). *Quality in Teaching: Arguments for a Reflective Profession*. London: The Falmer Press, 1989: 156—170.

后 记

《国际比较视角下的国际中文教师专业发展模式研究》一书系国家社会科学基金一般项目"国际汉语教师专业发展模式研究"的终结性成果。

所有教育教学改革都离不开教师的推动与实践。从20世纪60年代起,教师专业发展成为国内外教育学界关注的热点问题之一。20世纪80年代以来,第二语言教育界开始关注二语教师专业发展研究。近年来,国际中文教师专业发展也开始受到政府、学校和学术界不同层面的关注,人们已深刻认识到教师专业发展在国际中文教育学科与事业发展中的关键性作用。教师专业发展模式是教师专业发展的一个重要课题。

本书从应然性和实然性两个维度对国际中文教师专业发展模式进行了研究。首先是应然性研究,即教师应该如何进行专业发展。本书以国际比较研究为视角,从教师专业发展历史演进、发展理念、有效途径、特点和启示等方面对教师发展走在世界前列的美国与欧洲二语教师专业发展模式进行梳理和分析,取其所长,补己之短,构建了以反思模式为主的国际中文教师专业发展模式,并在此反思模式的指导下,进一步探究国际中文教师专业发展的具体路径。教师专业发展主要在于实践中的经验与反思。本书除了教师专业发展模式理论层面的应然性探究,还进行了实然性研究,即教师在教育实践中如何进行专业发展。本书对国际中文教师专业发展进行了个案研究,从教育实践维度挖掘新手、熟手和专家型国际中文教师的专业成长历程,揭示出教师专业发展的规律与特征。这些教师不断反思教育教学实践,对经验进行理性批判,大胆探索,锐意进取,在反复地自我锤炼中增进解决问题的勇气和能力,不断追求自己的生命价值和专业理想。在此也诚挚感谢为本书提供个人成长案例的国际中文教师们!

  本书有关国际中文教师专业发展模式的探索仅是抛砖引玉,书中的研究成果还有诸多不足。相比于其他学科,国际中文教师专业发展研究的成熟度和活力亟待提高。实际上,关于国际中文教师专业发展的每一个问题,都具有广阔的研究前景,我们期待着国际中文教育同行们对本书批评指正,也热切地希望能有更多的同仁参与教师专业发展的研究与讨论。

  本书得以顺利出版,要特别感谢北京大学人文学科文库的支持和北京大学出版社的大力协助,特别是汉语编辑室老师们的认真审校和精细修改。本书在写作中借鉴和引用了许多海内外专家学者的研究成果,在此致以诚挚的感谢!

王添淼
2022 年 5 月 1 日

北大对外汉语研究丛书

赵 杨 主编

1. 杨德峰:《趋向补语认知和习得研究》
2. 王海峰:《语言结构异态形式功能研究》
3. 汲传波:《汉语二语者书面语体习得研究》
4. 刘元满:《汉语作为外语在美国发展的综合研究》
5. 李海燕:《汉语作为第二语言虚词运用特征研究》
6. 赵杨:《汉语作为第二语言界面关系习得研究》
7. 张雁:《汉语词化模式研究》
8. 王添淼:《国际比较视角下的国际中文教师专业发展模式研究》
9. 邓丹:《汉语语音习得研究》
10. 张英:《汉语国际教育中的文化教学与传播研究》
11. 汲传波:《基于语料库的学术汉语语言特征研究》